RUDOLF D
SHIRLEY C
RAYMOND J.

Familienrat

Der Weg zu einem glücklicheren Zusammenleben von Eltern und Kindern

Mit einem Vorwort von Sadie E. Dreikurs

ERNST KLETT VERLAG
STUTTGART

Aus dem Amerikanischen übersetzt von
Dietrich Hamm
Die Originalausgabe erschien unter dem Titel
»Family Council«
bei Henry Regnery Company, Chicago

CIP-Kurztitelaufnahme der Deutschen Bibliothek

Dreikurs, Rudolf
Familienrat: d. Weg zu e. glücklicheren Zusammenleben von Eltern u. Kindern / Rudolf Dreikurs; Shirley Gould; Raymond J. Corsini. — 1. Aufl. — Stuttgart: Klett, 1977.
Einheitssacht.: Family council ‹dt.›
ISBN 3-12-901970-7
NE: Gould, Shirley:; Corsini, Raymond J.:

Über alle deutschen Rechte verfügt der
Ernst Klett Verlag, Stuttgart
Printed in Germany 1977
Umschlaggestaltung: Hans Lämmle
Umschlagfoto: Hermann Drescher
Satz und Druck: Ernst Klett Druckerei

Für »Dr. D.«
In Erfüllung eines Versprechens.
R. C.
S. G.

Die Verfasser sprechen den Familien ihren Dank aus,
die Tonbandaufzeichnungen und Protokolle
von ihren Familienratssitzungen für die Verwendung
in diesem Buch zur Verfügung gestellt haben.

INHALT

VORWORT

Dr. Rudolf Dreikurs starb vor der Veröffentlichung dieses Buches. Bereits seit Beginn seiner Laufbahn als Psychiater in Wien während der zwanziger Jahre bewegte er sich in Richtung auf die Sozialpsychiatrie, wobei er besonderes Gewicht auf die Erziehung in der Familie und in der Schule legte.
Er war ein glühender Verfechter der Würde des Menschen, als eines Wesens, das sich selbst bestimmt und zielgerichtet handelt. Er wählte die Psychologie von Alfred Adler, um die Menschen zu lehren und zu motivieren, für eine demokratische Gesellschaft zu kämpfen, in der menschliche Gleichwertigkeit, der Traum der Menschheit, sich verwirklichen und jedem einzelnen Friede und Erfüllung bringen würde.
Diese demokratische Gesellschaft war für ihn keine Utopie, sondern eine erreichbare Realität. In Familienberatungsstellen, Workshops und an Universitäten in der ganzen Welt betonte er die Bedeutung einer Vorbereitung des Kindes auf seine zukünftige Eigenschaft als mitverantwortlicher Bürger in einer demokratischen Gesellschaft.
Die beste Möglichkeit für eine solche Vorbereitung sah er in der Einrichtung des Familienrats in der Familie und des Gruppengesprächs in der Schulklasse.
Wenn das Kind nicht schon im frühesten Alter Selbstvertrauen und ein Gefühl der Zugehörigkeit entwickeln kann, ist die Gelegenheit vertan, ein hohes Maß an Freiheit und Verantwortlichkeit zu erreichen. Wenn ein Kind in der Familie als vollwertiger Partner anerkannt wird, ist das Fundament für sein zukünftiges Leben gelegt, und es kann seinen Beitrag in Schule und Gesellschaft leisten. Die Möglichkeiten des Menschen können im weitesten Sinne nur dann

verwirklicht werden, wenn jeder Mensch sich seines Wertes für die Gesellschaft, in der er lebt, bewußt ist.

Dr. Dreikurs bat Dr. Corsini und Mrs. Gould, sich an der Vorbereitung eines Buches zum Thema Familienrat zu beteiligen. Er forderte sie auf, in dieses Vorhaben ihre ausgedehnte Erfahrung in der Arbeit mit Familien, in Erziehungs- und Mütterberatungsstellen einzubringen.

Dankbar möchte ich die unermüdliche und umsichtige Arbeit von Shirley Gould anerkennen. Sie war es, die meinen verstorbenen Mann nach dem Ausbruch seiner Krankheit besuchte, alles Nötige mit ihm besprach und dadurch die Fertigstellung des Buches ermöglichte.

Es ist mein inniger Wunsch, daß dieses Buch dazu dienen möge, das Abenteuer des Familienlebens zu einer erregenden Herausforderung zu machen, die zu gemeinsamer Verantwortung und Gleichwertigkeit in der Familie führt.

Sadie E. Dreikurs

EINFÜHRUNG

In unserer Zeit des Übergangs von einer autokratischen zu einer demokratischen Art der menschlichen Beziehungen sind die Eltern ebensowenig darauf vorbereitet, ihre Kinder zu erziehen, wie die Kinder darauf vorbereitet sind, ein unabhängiges Leben zu führen. Aber genauso wie ein Kind mit Hilfe seiner Familie seine Hilflosigkeit überwindet, können die Eltern es lernen, ihre Kinder erfolgreich zu erziehen.

Das Kind, das versucht, einen Platz in seiner Familie zu finden, benutzt verschiedene Wege, um seine Ziele zu erreichen. Mit seiner Kreativität kann es die Eltern überlisten. Sie sind ihm oft nicht gewachsen und unfähig, mit ihm fertigzuwerden und es zu führen. Wenn die Eltern aber kreativ werden, sind sie auch fähiger, das Kind zu lenken. In diesem Prozeß ist es notwendig, daß sie das Kind und die Ziele seines Verhaltens verstehen.

In der Sicht vom Menschen, die Alfred Adler in seiner Individualpsychologie entworfen hat, wird das Kind als eine sich selbst bestimmende Person gesehen, die fähig ist, ihren eigenen Lebensstil im Kontext ihrer Familienkonstellation zu entwickeln. Das Kind ist nicht einfach ein Produkt seiner Erbanlagen oder seiner äußeren Umgebung, sondern es zieht aufgrund eigener Erfahrungen und Beobachtungen seine Schlüsse in bezug auf das Leben und den Platz, den es darin hat.

Jeder Mensch will dazugehören, will seinen Wert in der Gruppe erfahren. Die erste Gruppe für das Kind ist seine Familie. Das Kind, das so aufgewachsen ist, daß es ein Gefühl seines Wertes innerhalb seiner Familie erlebt, wird sich wohlfühlen und sich in sozial erfreulicher Weise verhalten. Das Kind jedoch, das in einer Weise erzogen ist, die es verhindert, daß es seinen Wert als Mitglied der Familiengemeinschaft erlebt, wird, um einen Platz im Leben zu finden, unbrauchbare Wege beschreiten, denn es ist entmutigt. Nach der Adlerschen Psychologie ist alles Verhalten zweckgerichtet. Das Grundbedürfnis jedes Individuums nach Zugehörigkeit und sozialer Anerkennung muß genährt und entwickelt werden.

Dr. Dreikurs hat festgestellt, daß ein Kind, das sich falsch verhält, vier Ziele verfolgen kann[1]. Solch ein Kind strebt nach einem Platz in der Familie, tut das aber im Blick auf folgende Fehlziele:

Es will: Aufmerksamkeit erregen,
Macht demonstrieren,
bestrafen oder auch bestraft werden,
Unzulänglichkeit demonstrieren.

In der Familie beobachtet und interpretiert das Kind, was es um sich herum sieht, hört und fühlt, und beginnt schon sehr früh aufgrund eigener Erfahrungen seine Persönlichkeit, das heißt seinen Charakter, herauszubilden. Die Antworten, die es dabei von den Menschen in seiner Umgebung bekommt, helfen ihm, herauszufinden, wie es sich verhalten kann. Es ist im allgemeinen ein genauer Beobachter, aber ein schlechter Interpret.

In der Familie lernt das Kind, wer es selbst ist, wie die Welt ist, und wie erfolgreich es sich mit ihr auseinandersetzen kann. Aus der Art und Weise, wie es von den Eltern, den Geschwistern und anderen behandelt worden ist, bildet es sich eine Meinung von sich selbst, die es im allgemeinen das ganze Leben lang beibehält. Die Familie, in der das Kind aufwächst, sei es seine natürliche Familie, eine Adoptivfamilie, eine Pflegefamilie oder ein Heim, ist das Laboratorium, in dem das Kind seine einmalige, persönliche Form entwikkelt.

Handelt es sich um eine konkurrierende Familie, in welcher jedes Mitglied ständig nach Überlegenheit über die anderen strebt, dann wird das Kind zu dem Urteil kommen, daß es schwierig ist, in dieser Welt zu überleben, und das Leben als eine Serie von Prüfungen

---

[1] Dreikurs, Rudolf und Erik Blumenthal: Eltern und Kinder — Freunde oder Feinde? Stuttgart 1973.

erfahren, wo es gilt, Punkte zu sammeln. So wie immer einer gewinnt, verliert ein anderer immer. Wer immer verliert, kann zu dem Ergebnis kommen, daß er keine Chance hat zu gewinnen; wer immer gewinnt, muß möglicherweise später ständig beweisen, daß er gewinnen kann. Beide legen sich auf ein Leben fest, das vom Wettbewerb bestimmt ist.
Wenn es sich jedoch um eine kooperative Familie handelt, in der jedes Mitglied zum Wohlbefinden des anderen beiträgt, indem es die Verantwortung für sein eigenes Verhalten übernimmt, dann kann das Kind zu dem Urteil kommen, daß es einen guten Platz in diesem Gefüge hat, und daß die Welt ein Ort ist, wo es sich zugehörig fühlen kann.
Eine kooperative Familienatmosphäre ist das Ideal, auf das Familien hinarbeiten sollten. Solch eine Atmosphäre ist charakteristisch für eine Familie, in der Kinder und Erwachsene sich gegenseitig mit Respekt behandeln, in der jede Person Selbstachtung und ein Gefühl des eigenen Wertes hat. Obwohl einige Familienmitglieder größer, einige älter und einige klüger sind als andere, behandeln sie einander als gleichwertige Menschen, von denen jeder einen wertvollen Beitrag leisten kann.
In einer solchen Atmosphäre können die Kinder Vertrauen haben in ihre eigene Fähigkeit zu wachsen, sich zu entwickeln und ihre natürlichen Gaben, wie diese auch immer beschaffen sein mögen, in positiver Weise zu nutzen.
Damit eine solche Atmosphäre hergestellt werden kann, schlagen wir den Familien vor, sich die Methode des Familienrates zu eigen zu machen. Die Mitarbeit am Aufbau eines offenen, demokratischen Familienrates wird jedem helfen, jene Art von Vertrauen und Zugehörigkeitsgefühl zu entwickeln, aus der Selbstvertrauen und Kooperation hervorgehen.
Menschen sind in ständiger Bewegung, weil sie Ziele verfolgen. Auch in Familien gibt es ein ständiges Wachstum und ständige Bewegung. Perfektion ist nie zu erreichen. Deshalb enthält dieses Buch auch keine Beschreibung einer idealen Familie, die über einen

perfekten Familienrat verfügt. Eine solche Familie gibt es nicht. Was wir vorschlagen, ist ein Prozeß des Strebens nach Gleichwertigkeit, nach Demokratie in der Familie.
Unser Engagement für den Familienrat basiert auf folgenden Thesen:

Die Familie ist eine Organisation

Sie sollte in einer geordneten Weise funktionieren bei einem Minimum an Konflikten. Jedes Familienmitglied kann sich entfalten, wenn es die Ziele der Familie bejaht und seinen Beitrag leistet, um sie zu erreichen. In Familien, deren Mitglieder freundschaftlich miteinander umgehen, wird man gewöhnlich einen hohen Grad an Leistungsfähigkeit finden. Jeder weiß, was er zu tun hat, wo die Grenzen sind, und wie er mit den anderen reden kann. In diesen Familien gibt es freimütigen Meinungsaustausch, Kooperation, gemeinsame Mitwirkung aller. In Familien dagegen, in denen keine freundlichen Gefühle zwischen den Mitgliedern bestehen, wird man eine ungleiche und unfaire Aufteilung der Arbeit finden, Streitigkeiten, Mißverständnisse, Verwirrung und allgemeine Unordnung.

Gefühle entwickeln sich aus dem Verhalten

Im allgemeinen müssen die Menschen einander mögen, bevor sie freundlich zueinander sein können; aber das stimmt nicht immer. Eine Veränderung im Verhalten beeinflußt die Art, wie Menschen füreinander fühlen, und es ist durchaus möglich, eine chaotische Familie, in der sich alle im Kriegszustand miteinander befinden, in eine harmonische zu verwandeln, in der Zusammenarbeit möglich ist. Notwendig ist eine Änderung im Verhalten aller, und im allgemeinen beginnt das mit einer Veränderung eines oder beider Elternteile. Was wir gegenüber einer anderen Person fühlen, hängt entscheidend davon ab, wie sich die andere Person uns gegenüber verhält.

Viele Eltern haben entdeckt, daß eine Nichteinmischung in die Auseinandersetzungen der Kinder aus Feinden Freunde gemacht hat. So kamen zum Beispiel die Trogers zur Familienberatung, weil sie erschöpft waren von den Versuchen, mit der ständigen Feindschaft zwischen ihren beiden Kindern Margret (12) und Peter (10) fertigzuwerden. Obwohl die Kinder dieselbe Schule besuchten, hatte man sie in getrennte Sommerlager geschickt und sie auf jede Weise auseinandergehalten. Neben anderen Empfehlungen hatten wir den Eltern den Rat gegeben, sich völlig aus den Kämpfen herauszuhalten.

Später berichtete Frau Troger, daß sie diesem Rat gefolgt und das Risiko eingegangen waren, beiden Kindern zu erlauben, daß sie den Sommer zu Hause verbrachten. Daraufhin hörten nicht nur die Kämpfe auf, sondern die Kinder fuhren nach den Ferien sogar zusammen mit dem Bus, begannen sich gegenseitig als Freunde zu betrachten und kamen am Abend in angeregter Unterhaltung nach Hause.

Jetzt, wo Margret und Peter es nicht mehr nötig haben, um die Aufmerksamkeit der Mutter zu wetteifern, können sie es sich erlauben, einander gern zu haben und sich über die Gesellschaft des anderen zu freuen. Mit der Einrichtung eines Familienrates gaben ihnen die Eltern wöchentlich eine Diskussionsmöglichkeit und verhalfen ihnen beiden zu dem wertvollen Gefühl, zu einer lebensfähigen Gemeinschaft zu gehören.

Die Gefühle, die Familienmitglieder füreinander haben, entwickeln sich aus der Erfahrung, wie jeder von ihnen handelt. Wenn Zusammenarbeit und gegenseitiger Respekt bestehen, dann folgen daraus Gefühle der Zuneigung. Konkurrenz, Streit und gegenseitige Herabsetzung führen zu feindseligen Gefühlen. Das bedeutet: Gefühle sind eine Folge des Verhaltens.

Menschen können sich nur entfalten, wenn sie sich gleichwertig fühlen

Nur als Gleichwertige können wir in einer Demokratie funktionieren. Die Vorstellung, daß ein Individuum von Natur aus gut oder böse sei, ist unglaubwürdig geworden, wie viele andere Vorurteile. Unser Leben gründet sich auf die Erklärung: »Alle Menschen sind gleich geschaffen.« Um demokratische Beziehungen verwirklichen zu können, müssen wir gegenseitige Achtung haben; ohne sie kann es keine Gleichwertigkeit geben. Wenn der Respekt nur einer Seite zukommt, das heißt, wenn nur Kinder den Eltern Respekt entgegenbringen, dann ist das keine Gleichwertigkeit, weil vorausgesetzt wird, daß eine Person der anderen überlegen ist. Auf diese Weise bringen Eltern ihren Kindern bei, wie man versuchen kann, immer der Überlegene zu sein, indem man den nächstbesten Kameraden beiseite stößt, seine Leistungen herabsetzt und jede Gelegenheit ergreift, um zu siegen.

Es ist für die meisten Erwachsenen sehr schwierig, ihren Kindern gegenüber einen Status der Gleichwertigkeit zu akzeptieren. Solange Eltern ihre eigene Überlegenheit zu behaupten suchen, kann es keine Harmonie in der Familie geben. Nur wenn Eltern zugeben können, daß sie fehlbare, unvollkommene Menschen sind, und daß sie gewillt sind zuzuhören, werden Kinder beginnen, sie zu achten. Einen Tyrannen muß man fürchten und überlisten, aber man kann ihn nicht respektieren. Demokratische Eltern werden nicht als »Autoritäten« angesehen, sondern als Führer und Lehrer.

Logik ist wirksamer als Gewalt

Eltern versuchen auf vielerlei Art, Kinder dazu zu bringen, das zu tun, was sie von ihnen erwarten: durch Bestechungen, Drohungen, Bitten, Zwang. Jede dieser Verhaltensweisen mag eine Zeitlang Erfolg haben, aber jede von ihnen hat spätere Auswirkungen.

Wenn man ein Kind besticht, kann sich herausstellen, daß es niemals etwas tut, wozu es keine Lust hat, es sei denn, daß eine Belohnung dabei herausspringt. Dies ist kaum eine angemessene Vorbereitung auf das Leben als Erwachsener. Wie wird es sich verhalten, wenn keine Belohnung in Aussicht steht?

Wenn man dem Kind droht, lernt es bald zwischen den Drohungen, die wahrgemacht werden, und den leeren Drohungen zu unterscheiden und dementsprechend zu reagieren. Je mehr Vater oder Mutter drohen, um so häufiger müssen sie das Gesagte zurücknehmen, denn Kinder verstehen genau, wie weit sie angesichts einer Drohung gehen können.

Wenn man ein Kind anfleht, etwas zu tun, bringt man es in eine überlegene Position und geht selbst in die Knie. Später im Leben wird es dann immer darauf warten, gebeten zu werden.

Natürlich kann jemand, der größer und stärker ist, ein kleineres, schwächeres Kind immer dazu zwingen, zu tun, was er will. Aber die Folge von Gewalt ist ein nagender Groll, eine Feindseligkeit, die an Haß grenzt, und das Verlangen nach Revanche. Die Vergeltung kann sogar zur gleichen Zeit kommen: Man kann ein Pferd zwar ans Wasser führen, aber man kann es nicht zwingen zu saufen. Man kann ein Kind zwingen, den Fußboden zu schrubben, aber man kann es weder zwingen, das gut zu machen, noch kann man es daran hindern, dafür vorsätzlich irgend etwas anderes in Unordnung zu bringen.

Im Familienrat kann alles, was das Familienleben berührt, besprochen werden. In einer guten Atmosphäre kann man sich mit den Problemen befassen, bevor sie ein unerträgliches Ausmaß angenommen haben.

Menschliche Beziehungen sind logisch

So wie die Gesellschaft Erwartungen gegenüber den Eltern hat, so haben Eltern Erwartungen gegenüber Kindern. Die Realität unseres Lebens verlangt, daß wir in Gemeinschaft mit anderen Menschen leben. Jeder ist gezwungen, den Forderungen des Lebens in der Interaktion mit anderen Menschen zu begegnen. Wenn Eltern versuchen, ihre Kinder vor der Außenwelt zu beschützen, erreichen sie nur, daß diese Kinder unfähig werden, die Zukunft zu bewältigen. Durch vollwertige Beteiligung und Mitarbeit im Familienrat können jüngere Mitglieder es lernen, sich der Welt außerhalb der Familie gewachsen zu fühlen. Sie können sich das Wissen, die Stärke und den Mut aneignen, um aktiv an dieser Welt teilzunehmen.
Da das Leben weitergeht, ergeben sich Konsequenzen aus jedem Handeln, wie allerdings auch aus dem Verzicht oder der Weigerung zu handeln. Die Tatsache, daß sich jeder in fortwährender Interaktion mit den anderen befindet, gibt Eltern die Chance, ihre Kinder selbst ausprobieren zu lassen, welche Konsequenzen ihr Verhalten hat.

Jedes Individuum kann nur sein eigenes Handeln lenken, aber es beeinflußt zugleich das Tun der anderen. Wenn Eltern das begriffen haben, müssen sie nicht mehr zu autoritären Maßnahmen greifen, sondern können sich ganz der demokratischen Kommunikation eines Familienrats überlassen. Eltern, die es verstehen, natürliche und logische Konsequenzen[2] einzusetzen, brauchen sich nicht davor zu fürchten, ihre Kinder als gleichwertig zu behandeln.

---

[2] Dreikurs, Rudolf und Loren Grey: Kinder ziehen Konsequenzen. Freiburg 1973.

Eltern und Kinder gehen ein gemeinsames Wagnis ein

Obwohl die Familie von den Eltern gegründet worden ist, darf sie nicht in deren alleiniger Verwortung bleiben. Diese liegt bei allen Mitgliedern, und jeder ist aufgefordert, einen Beitrag zu leisten. Von dem Platz, den ein Kind in der Familie einnimmt, leitet es sein Zugehörigkeitsgefühl zu der Gesellschaft im ganzen ab.

Damit es ein Zugehörigkeitsgefühl entwickeln kann, muß sein Beitrag respektiert werden, und es muß die Erfahrung machen, daß es als Person einen Wert hat. Es ist den anderen gleichwertig und den Menschen seiner Umgebung weder überlegen noch unterlegen.

Viele Eltern gehen törichterweise davon aus, daß sie allein für die Familie verantwortlich seien. Sie versuchen, ihre Kinder wie Ehrengäste zu behandeln, die vor Unbill geschützt werden müssen und sowenig Verantwortung wie möglich tragen dürfen.

Das sind die Eltern, die sich in dem Bemühen erschöpfen, gut zu sein zu ihren Kindern. Sie wissen jederzeit, »was das Beste ist«, und versuchen, ein ständig sprudelnder Quell von Geschenken, Weisheit und Erfahrung für ihre Kinder zu sein. Da Kinder für einen solchen Service empfänglich sind und es schließlich für ihr gutes Recht halten, so behandelt zu werden, ärgern sich die Eltern bald über die Forderungen ihrer Kinder und beginnen, sie als ihre Feinde anzusehen. Da die Eltern ihre Überlegenheit beweisen wollen, benutzen sie unzählige Methoden, um die Kinder niederzuhalten und zu besiegen.

Kinder, die auf diese Weise abgeschirmt werden, sind nicht darauf vorbereitet, sich in der Gesellschaft zurechtzufinden, die ein System wechselseitiger Abhängigkeit darstellt.

Wenn Eltern beginnen, Kinder als gleichwertig anzuerkennen und von ihnen Mitarbeit an den Aufgaben der Familie zu verlangen, werden sie die Vorzüge eines demokratischen Zusammenlebens entdecken und im Familienrat ein wirksames Instrument finden, dies zu verwirklichen.

Wohlbefinden hängt vom Gemeinschaftsgefühl ab

Dreikurs hat das Konzept des Familienrates aus der Theorie von Alfred Adler entwickelt, der die Ansicht vertrat, daß das Schicksal des Menschen in jeder Hinsicht vom Gemeinschaftsgefühl abhänge. Gemeinschaftsgefühl bedeutet ein Gefühl für die Menschheit, Interesse für die anderen, soziales Eingebundensein, Solidarität mit anderen Menschen.

Im Gegensatz zu einigen Theoretikern, welche den Menschen als selbstsüchtig, egozentrisch, aggressiv und feindselig betrachten, sah Adler den Menschen als ein soziales Wesen, dessen Selbstwertgefühl und Wohlbefinden vom Gemeinschaftsgefühl abhängen. Wenn Kinder nicht gelernt haben, sich kooperativ zu verhalten, dann lernen sie, selbstsüchtig, egozentrisch und unglücklich zu sein.

WAS IST EIN FAMILIENRAT?

Der Familienrat bietet den Familienmitgliedern eine Möglichkeit, einander als Partner zu erleben, er ist ein Weg zu Gleichwertigkeit und gegenseitigem Respekt.

Ein neues Wörterbuch definiert einen Rat als »eine Versammlung von Personen, die zur Befragung, Beratung oder Diskussion einberufen worden sind« oder als »eine Körperschaft von Leuten, die gewählt oder eingesetzt worden sind, um administrative, gesetzgebende oder beratende Aufgaben wahrzunehmen«.

Was wir unter einem Familienrat verstehen, ist folgendes:

> *Eine Gruppe von Menschen, die zusammenleben, ob sie nun miteinander verwandt sind oder nicht. Die Gruppe sollte sich planmäßig treffen und nach Regeln vorgehen, auf die man sich vorher geeinigt hat. Die Versammlung sollte ein offenes Forum sein, in dem alle Familienmitglieder sprechen können, ohne unterbrochen zu werden, und in dem sie die Freiheit haben, sich auszudrücken, wie sie wollen, ohne Furcht vor irgendwelchen Konsequenzen und ohne Rücksicht auf Alter oder Stellung. Die Beratungen werden nur dann mit einer Entscheidung abgeschlossen, wenn alle anwesenden Mitglieder zustimmen, das heißt zu einem gemeinsamen Einverständnis kommen.*

Seit alter Zeit haben die Menschen gewußt, daß das Leben uns nicht ständig Freude bringt, sondern daß sich von Zeit zu Zeit Probleme ergeben, deren Lösung die größten Anstrengungen erfahrener Menschen erfordert. Diejenigen, die früher in den Konzilen der Kirche und in den Kronräten die Entscheidungen trafen, waren von höherem Stand, sie waren von Gott eingesetzt. Wenn ihre Entscheidungen einmal gefällt waren, hatten Personen niedrigeren Standes keine andere Wahl, als zu gehorchen. Die modernen Parlamente bestehen aus gewählten Vertretern; sie setzen die Idee in die Tat um, daß Angelegenheiten, die für die ganze Gemeinschaft von Bedeutung sind, von deren Vertretern beraten und entschieden werden müssen.

Heute wollen wir als Regierungen gewählte Gremien haben, die das ganze Volk repräsentieren. Wenn die Parlamente Gesetze machen, wird von ihnen erwartet, daß sie die Interessen der Menschen verwirklichen, die sie vertreten. Die Bürger versuchen ständig, den Kontakt untereinander sowie zu den gewählten Abgeordneten zu verbessern, damit die Gesetzgebung sowohl die Bedürfnisse als auch die Ideen aller widerspiegelt.

Die amerikanische Geschichte ist voll von Erklärungen über die Gleichheit, aber wirkliche Gleichberechtigung ist schwer zu verwirklichen. Auch in der Familie ist sie schwer zu erreichen, aber es ist möglich, und zwar zum Vorteil aller Familienmitglieder, Eltern wie Kinder. Jeder, der am Familienrat teilnimmt, kann davon profitieren.

Bei dem Bemühen, Familien zu beraten, wie sie glücklicher und produktiver zusammenleben können, sah Dr. Dreikurs in der Idee des Familienrates eine große Möglichkeit. Aber es war nie eine systematische Methode ausgearbeitet worden, einen solchen Familienrat nach demokratischen Prinzipien durchzuführen.

Es hat sicher immer Leute gegeben, die von sich aus auf die Idee kamen, sich mit den Kindern hinzusetzen und Dinge gemeinsam zu besprechen. Aber Familienrat bedeutet nicht nur, daß man sich zusammenfindet und redet. Der Familienrat bietet ein ganzes Instrumentarium, um die Familie demokratisch an der Lösung gemeinsamer Probleme und Aufgaben zu beteiligen.

Im Gegensatz zu anderen Gremien ist der Familienrat ein Zusammenschluß von Gleichen. Alle Familienmitglieder sind gleichwertige Partner in der Familie, mit Aufgaben und Verantwortung, entsprechend ihren individuellen Fähigkeiten. Sie können gleichberechtigt ihre Ideen, Beschwerden und Wünsche vorbringen.

Frühere Veröffentlichungen von Dr. Dreikurs haben dargelegt, wie notwendig Demokratie in der Familie ist[1]. Hier wollen wir zeigen, daß der Familienrat eine einzigartige, sehr wirkungsvolle Erfindung ist, die Eltern und Kindern hilft, Gleichwertigkeit und eine demokratische Einstellung zu erreichen, die ihnen dann bei der Lösung der Probleme des täglichen Lebens zugute kommen.

Als gleichwertige Partner in einer Gesellschaft zu leben, die die Idee der Gleichwertigkeit noch nicht verwirklicht hat, ist für alle Mitglieder der Familie eine schwierige Aufgabe. Um diese Kunst zu lernen, muß jeder auf den anderen hören und Verantwortung für das Familienleben übernehmen, nicht nur, indem er seine Ideen zur Lösung der Probleme beisteuert, sondern auch, indem er sich täglich für das Funktionieren des Haushalts einsetzt.

Man kann es nicht einfach dem Zufall überlassen, daß sich eine Gelegenheit ergibt, bei der die Familienmitglieder miteinander über ihre Angelegenheiten reden können; es genügt nicht, einfach auf eine solche Gelegenheit zu warten. Der Familienrat sieht dagegen regelmäßig festgesetzte Versammlungen vor, mit denen jeder rechnen kann. Jeder weiß, wann sie stattfinden. Er kann mit der Gewißheit an seine tägliche Arbeit gehen, daß er nicht zu lange warten muß bis zum nächsten Treffen, bei dem er seine Probleme, Beschwerden und Anregungen vorbringen kann. Außerdem weiß er, daß ihm dann jeder zuhört, was zu anderer Zeit kaum der Fall ist.

Wie schwierig es auch für Eltern sein mag, etwas von ihrer Autorität aufzugeben, sie werden dafür entschädigt, wenn sie erleben, daß ihre Kinder ihnen zuhören. Kinder wollen mitarbeiten, wenn ihnen kontinuierlich eine faire Chance dazu gegeben wird.

Die Kontinuität der Zusammenkünfte ist wesentlich, denn anfangs ist es schwierig für die Kinder, zu glauben, daß ihre Eltern sie wirklich als Gleichwertige behandeln, ihnen zuhören und ihre Vorschläge ernst nehmen wollen. Wenn die Eltern sich in dem Glauben an die Kraft der Familie im Familienrat nicht beirren lassen, wird er ein Eigenleben bekommen. Der Familienrat ist nicht einfach ein

[1] Dreikurs, Rudolf: Raising Children in a Democracy. In: Humanist, 18 (1958), S. 77—83.

Heilmittel mehr, mit dem eine Familie ihr Glück versuchen kann, wenn alles andere fehlgeschlagen ist. Er ist ein Weg, alle Familienmitglieder an einen Tisch zu bringen, damit sie ihre Probleme gemeinsam anpacken können. Wenn er richtig funktionieren soll, muß er über langweilige wie auch aufregende Wochen hinweg durchgehalten werden. Manchmal ist die Versuchung natürlich groß, hier und da ein Treffen zu überspringen, und das ist dann auch kein Unglück; wichtig ist, daß die Eltern das Vertrauen in das Konzept nicht verlieren.

Für jede Familie, die sich Effektivität und Harmonie wünscht, wie für jedes Individuum, das eng mit anderen zusammenarbeitet und sich dabei mit seiner ganzen Person in sinnvoller Weise einbringen will, ist es entscheidend, soziale Gleichwertigkeit für alle anzuerkennen, wie sie sich in der gemeinsamen Verantwortung im Familienrat ausdrückt. Der ungerechtfertigte Überlegenheitsanspruch einer Person oder Gruppe gegenüber anderen ist der Hauptgrund für gesellschaftliche Konflikte, besonders in Ehe und Familie.

Gleichwertigkeit bedeutet nicht Gleichartigkeit. Einer ist nicht die Kopie des anderen, und gleichwertig sein heißt nicht, daß Menschen miteinander identisch sind. Männer und Frauen sind verschieden, ein Baby ist nicht das gleiche wie ein Erwachsener und eine törichte Person nicht das gleiche wie eine kluge. Es gibt da viele Unterschiede, aber diese Unterschiede sollten keinen hohen oder niederen Status verleihen. Gleichwertigkeit existiert unabhängig von allen menschlichen Unterschieden aufgrund gegenseitiger Achtung.

Der Konflikt bricht aus, wenn Eltern sich wegen ihres höheren Alters autorisiert fühlen, Vorschriften zu machen. Genauso gefährlich für alle Betroffenen ist es, wenn die Eltern von ihren Kindern beherrscht werden. Das Ideal, nach dem wir streben müssen, ist Gleichwertigkeit.

Kinder lernen die Spielregeln von ihren Eltern. Wenn die Eltern bestimmen, weil sie die Macht haben, werden die Kinder versuchen, selbst auch Macht zu bekommen. Wenn die Eltern eine kooperative Haltung zeigen, werden auch die Kinder Kooperation lernen.

Viele Eltern besprechen sich mit ihren Kindern, aber nicht in systematischer und demokratischer Weise. Die Eltern nennen es eine Diskussion, aber es gleicht gewöhnlich mehr einer Gerichtssitzung, in der die Mutter einen Bericht über das Verhalten der Kinder gibt und der Vater entscheidet, was getan werden soll. Es ist eher ein Vortrag, dem die Kinder zuhören müssen, als eine offene Diskussion unter Partnern.

Als Adler in den zwanziger und dreißiger Jahren ein Netz von Erziehungsberatungsstellen schuf, war sich die Öffentlichkeit noch nicht bewußt, daß in der Einstellung der Gesellschaft ein Wandel bevorstand.

Dreikurs brachte die Idee der Familienberatungsstellen[2] in die Vereinigten Staaten, wo sie sich in den fünfziger und sechziger Jahren immer stärker ausbreitete. Er riet den Familien, eine bestimmte Zeit für ein Treffen mit allen Familienmitgliedern zu reservieren, so daß jedem regelmäßig die Gelegenheit geboten wurde, mit den anderen zu sprechen. Eigentlich begann Dreikurs mit der Technik des Familienrats in Wien, arbeitete sie aber später aufgrund seiner neuen Erfahrungen in den Vereinigten Staaten weiter aus.

Die Idee des Familienrats ist nicht neu, aber wir machen daraus ein Prinzip. Wir befürworten diese Idee nicht nur, sondern wir geben allen Familien die dringende Empfehlung, einen Familienrat einzurichten. Zweck dieses Buches ist es, zu erklären, wie man das macht, und dort, wo bereits ein Familienrat besteht, dazu beizutragen, ihn wirksamer zu gestalten.

[2] Siehe Dreikurs, Rudolf und Erik Blumenthal: Eltern und Kinder — Freunde oder Feinde? Stuttgart 1973.

ERKLÄRUNG DER BEGRIFFE

Um die Struktur des Familienrats so klar wie möglich zu machen, wollen wir in diesem Kapitel die Begriffe erklären, die in unserer Definition auf Seite 21 gebraucht worden sind.

Gruppe von Menschen. Alle die Menschen, die in einer Wohngemeinschaft zusammenleben, ob sie verwandt sind oder nicht, bilden den Familienrat. Das schließt Großeltern, Onkel, Tanten, Vettern und Kusinen ein wie auch Gäste, die länger bleiben als die Zeit, die zwischen zwei Treffen liegt, kurz gesagt jeden, der in engem Kontakt mit den Familienmitgliedern ist und mit ihnen die Wohnung teilt. In den meisten Fällen wird der Familienrat aus Eltern und Kindern bestehen, aber das Konzept paßt auch für andere Arten von Lebensgemeinschaften. Es kann zum Beispiel erfolgreich in einer Kommune angewandt werden, die nur aus Vertretern einer Generation besteht, die nicht miteinander verwandt sind. Besonders geeignet ist es auch für Familien mit nur einem Elternteil.

Regelmäßig angesetzte Treffen. Es ist von größter Bedeutung, daß der Familienrat regelmäßig, wie abgemacht, durchgeführt wird. Jedes Familienmitglied muß wissen, wie groß der Zeitraum zwischen den Sitzungen ist, um Klarheit darüber zu haben, wie lange es warten muß, um ein Problem diskutieren zu können. Aus diesem Grunde muß im voraus eine bestimmte Zeit für den Familienrat festgesetzt werden und jedem in der Familie bekannt sein. Dementsprechend sollen die Sitzungen, von besonderen Ausnahmen abgesehen, zu den festgesetzten Zeiten stattfinden. Im allgemeinen ist es günstig, sich wöchentlich zusammenzufinden, aber einzelne Familien treffen auch andere Vereinbarungen. Die Tageszeit ist nicht wichtig, aber es sollte eine Zeit sein, zu der alle Mitglieder für mindestens eine Stunde frei sind, so daß der Familienrat andere familiäre Aufgaben nicht beeinträchtigt.

Der Familienrat sollte nicht nur in dringenden Fällen zusammengerufen werden, wenn es sich um ein akutes Problem oder eine strittige Frage handelt. Es ist ratsam, ihn im Anschluß an eine gemeinsame Aktivität stattfinden zu lassen, zum Beispiel samstags nach dem Mittagessen, sonntags nach der Kirche, montags nach dem Abendessen usw. Entscheidend ist, daß kein Mitglied ein persönliches Vorhaben opfern oder zwischen diesem und dem Familienratstreffen wählen muß; der Zeitpunkt muß für alle annehmbar sein.

Regeln. Damit der Familienrat gut arbeiten kann, muß es Grundregeln und Leitlinien geben. Diese sollten so früh wie möglich besprochen werden, um zu vermeiden, daß die ersten Sitzungen in der Diskussion von Verfahrensfragen steckenbleiben. Einige einfache Regeln genügen, obwohl es Familien gibt, die auf ein ganzes Regelsystem bauen, besonders wenn die Familienmitglieder sich in parlamentarischen Verfahrensweisen auskennen und diese gern anwenden.

Die Verteilung der Ämter sowie deren turnusmäßiger Wechsel sollte klar geregelt sein. Im allgemeinen ist es wünschenswert, einen Vorsitzenden und einen Protokollführer zu haben und diese Posten turnusmäßig neu zu besetzen, so daß jeder einmal an die Reihe kommt, einschließlich aller Kinder, die bereits sprechen können. Das Kind, das noch nicht schreiben kann, mag sich dabei jemanden zum Helfer wählen, wichtig ist jedoch, daß die Kinder genau wie die Erwachsenen an die Reihe kommen, um die Verantwortung für ein Amt zu übernehmen.

Offenes Forum. Im alten Rom war das ein öffentlicher Platz zum Diskutieren, zu dem jeder Bürger Zutritt hatte, und wo er seine Ansichten aussprechen konnte. Der Familienrat dient demselben Zweck, er gibt jedem Familienmitglied die Möglichkeit, seine Beschwerden, Ideen und Meinungen auszudrücken und die der anderen zu hören.

Wenn die Sitzungen von den Eltern nur dazu benutzt werden, um zu wiederholen, was sie immer schon gepredigt haben, und um den Kindern Verhaltensmaßregeln zu erteilen, dann ist das kein offenes Forum. Damit der Familienrat wirksam werden kann, muß jeder die Möglichkeit haben, etwas beizutragen, und jeder Vorschlag muß mit gleichem Respekt gehört werden.

Ohne unterbrochen zu werden. Jedes Familienmitglied darf so lange sprechen, wie es will. Es ist sehr anstrengend, vor allem für die Eltern, dazusitzen und darauf zu warten, bis ein Kind zu Ende gesprochen hat. Genauso ermüdend ist es für ein Kind, einem Vortrag von Vater oder Mutter zuzuhören. Aber dies ist eine notwendige Einübung in demokratisches Verhalten.

Wenn jemand zuviel spricht, muß man verstehen, warum er das tut. Er will den Laden schmeißen oder der Boß sein oder der Mittelpunkt der Aufmerksamkeit, und er erwartet, daß die anderen sich gegen ihn wenden. In diesem Fall ist es notwendig, daß der Familienrat über das Ziel eines solchen störenden Verhaltens spricht, ohne den Betreffenden abzuwerten. Wenn dieser merkt, daß er die anderen nicht provoziert, wird ihm bald der Dampf ausgehen. Unaufhörliches Reden ist wie ein Wutanfall, es gehört in jedem Fall ein Publikum dazu.

Freiheit des Ausdrucks. Während der Dauer der Familienratssitzung besteht völlige Freiheit des Ausdrucks. Kein Thema, kein Ausdruck, kein Gefühl ist tabu. Ein Kind darf nicht getadelt werden, wenn es sich ungehobelt ausdrückt oder flucht. Genausowenig darf ein Elternteil oder ein Ehepartner zurechtgewiesen werden.

Warum sollte ein Kind die Freiheit haben, eine beleidigende, vulgäre oder anklagende Sprache zu führen oder normalerweise verbotene Themen zu diskutieren? Wir alle gebrauchen eine solche Sprache von Zeit zu Zeit, in anderen Situationen, wenn wir allein sind oder unter Erwachsenen. Ein Kind, das eine solche Sprache im Familienrat gebraucht, tut das vielleicht, um ein bestimmtes Ziel zu verfolgen, das man verstehen muß, anstatt es zu verurteilen. Dies könnte Gegenstand einer Diskussion sein, aber kein Anlaß für eine Zensur.

Ohne Furcht vor Konsequenzen. Wenn während der Sitzung des Familienrats völlige Freiheit des Ausdrucks besteht, dann muß garantiert sein, daß keinem ein Schaden daraus entstehen kann. Die Zeit, in der das Treffen stattfindet, stellt eine »Sicherheitszone« dar, die alle Mitglieder vor der Gefahr einer Vergeltung schützt. Ideen, Gedanken und Worte, welche zu anderer Zeit vielleicht unpassend sein könnten, sind während der Zusammenkünfte durchaus erlaubt.

Strafe ist kein Bestandteil eines demokratischen Familienlebens. Sie ist nur wirksam in einem autokratischen Rahmen. Wir müssen unseren Kindern die rechten moralischen Grundsätze und Werte nahebringen, Bestrafung aber mißachtet die menschliche Würde und ist als solche unmoralisch. Wir alle tun gelegentlich Dinge, von denen wir wissen, daß sie nicht in Ordnung sind; ebenso verhalten sich die Kinder. Aber anstatt sie zu bestrafen und dadurch Empörung hervorzurufen, müssen wir sie dafür gewinnen, das zu akzeptieren, was sie tun sollten, und sich so zu verhalten, wie sie sich verhalten sollten.
Wie kann das Kind herausfinden, was es tun sollte? Man kann nicht einfach Maßstäbe setzen, denn das Kind wird diese nicht länger akzeptieren. Früher hatte es keine andere Wahl, als zu gehorchen. Heute lacht es vielleicht, wenn man ihm die eigenen Maßstäbe vorhält. Zwar weiß das Kind, wenn es etwas Falsches tut, meistens genau, was es eigentlich tun sollte, tut dies aber aus psychologischen Gründen nicht. Wir müssen den Kindern helfen zu erkennen, warum sie sich schlecht benehmen, und es ihnen erleichtern, sich

besser zu verhalten. Es ist die Aufgabe der Eltern, bei ihren Kindern das Verständnis dafür zu fördern, warum sie etwas Falsches tun, und in ihnen den Wunsch zu wecken, es auf eine andere, bessere Weise zu versuchen.
Furcht vor Strafe hat einen sehr geringen Abschreckungswert. Sie ruft viel eher den Wunsch nach Rache hervor. Wenn wir einen Familienrat abhalten, müssen wir uns darüber klar sein, daß Freiheit des Ausdrucks während der Sitzung nicht möglich ist, solange man sich davor fürchten muß, was nach der Sitzung passieren könnte.

Alter oder Stellung. Alle Mitglieder müssen ohne Rücksicht auf ihr Alter gleich behandelt werden. Ein Kind wird andere Beiträge liefern als die Erwachsenen, aber sein Recht, sie anzubieten, ist das gleiche. Ältere Menschen verfügen zweifellos sowohl über mehr Lebenserfahrung als auch über mehr erlerntes Wissen, aber sie haben nicht das Recht, anderen ihren Willen aufzudrängen. Genausowenig sollten Jüngere wegen ihrer Jugend mit besonderer Rücksicht behandelt werden.

Wenn aus einer Idee, die von einem kleinen Kind vorgebracht wurde, ein Familienbeschluß wird, kann die ganze Familie, selbst wenn dieser kein Erfolg werden sollte, daraus lernen. Nichts kann erreicht werden, wenn Eltern ihr vermeintlich größeres Urteilsvermögen ausspielen, aber viel ist gewonnen, wenn die Ideen eines Kindes mit Respekt behandelt werden.

Entscheidung. Wenn eine Gruppe sich mit einem Problem auseinandergesetzt hat, kann die Entscheidung nur dann bindend sein, wenn jedes anwesende Mitglied seine Zustimmung gegeben hat. Konnte eine einmütige Entscheidung nicht erreicht werden, dann hat jedes Mitglied das Recht, das zu tun, was es für das Beste hält; aber keine Entscheidung, die andere betrifft, ist gültig, wenn sie nicht vom ganzen Familienrat gutgeheißen wurde. Um zu einer Übereinstimmung zu kommen, ist ein weiteres Bemühen um die Lösung des Problems notwendig. Mehrheitsbeschlüsse drängen die Minderheit in die Opposition und verhindern eine Zusammenarbeit. Deshalb warnen wir vor Mehrheitsbeschlüssen im Familienrat.

Ganz unabhängig vom Inhalt des Beschlusses ist es außerordentlich wichtig, daß jeder die Möglichkeit hat, an seinem Zustandekommen mitzuwirken. Die Entscheidung darf den Kindern nicht von den Erwachsenen aufgenötigt werden, sie muß auch von ihnen mitgetroffen sein.
Zusammenfassung: Damit ein Familienrat effektiv sein kann, müssen folgende grundlegende Voraussetzungen erfüllt sein:

Gleichwertigkeit aller Mitglieder
Gegenseitige Achtung
Freimütige Kommunikation
Regelmäßigkeit
Gemeinsam vereinbarte Regeln
Gemeinsame Beratung
Wechselnde Verantwortung
Gemeinsame Entscheidung

Eltern haben den Gewinn, daß sie lernen, besser mit ihren Kindern umzugehen; darüber hinaus lernen die Kinder, sich auszudrücken, gehört zu werden und sich selbständig über die Belange einer größeren Gruppe Gedanken zu machen.

WOZU BRAUCHT MAN EINEN FAMILIENRAT?

Der Familienrat ist eine Einrichtung, eine Technik, ein Verfahren. Das Wichtigste in einer Familie ist die Beziehung der Mitglieder zueinander. Wir dringen darauf, daß Familien einen Familienrat einrichten, weil er ein vorzügliches Mittel ist, um diese Beziehung zu verbessern. Abgesehen davon bietet er eine Möglichkeit, die Arbeit, die für die Familie geleistet werden muß, zu erleichtern.

Eine Familie wünscht sich und braucht: eine Haltung der Gleichwertigkeit, des gegenseitigen Respekts und der Hilfsbereitschaft, ein Gefühl von Wohlwollen, eine Atmosphäre der Anerkennung und einen Geist der Freundlichkeit. All dies kann erreicht werden durch die Einrichtung eines Familienrates, der nach demokratischen Prinzipien handelt.

Jeder Mensch wünscht sich und braucht all diese Dinge, kann sie aber für sich allein nicht verwirklichen. Aufgrund seiner sozialen Natur braucht er den wechselseitigen Kontakt mit anderen, um seinen eigenen Wert zu erkennen.

Für jedes Individuum ist die Familie ein verkleinertes Modell der Welt, und besonders für die Kinder ist das Lebenskonzept der Familie maßgebend dafür, wie sie sich später anderen gegenüber verhalten. Die Persönlichkeit des Kindes bildet sich erst heraus und kann sich noch wandeln; aber auch die Erwachsenen können entdecken, daß sie sich gegenseitig beeinflussen, und ihre Fähigkeiten weiterentwickeln, um im Leben besser zurechtzukommen.

Im folgenden wird gezeigt, wie sich durch einen Familienrat die Beziehungen innerhalb der Familie verändern können: Aus Mißklang kann Harmonie werden, aus Ärger Hoffnung, aus Entmutigung Ermutigung, aus Gleichgültigkeit Engagement.

Die meisten Eltern hegen gegenüber ihren Kindern ein Vorurteil, dessen sie sich nicht bewußt sind. Wenn sie darauf hingewiesen werden, streiten sie es ab. Sie sagen, wie sehr sie ihre Kinder lieben, aber sie werden nicht gewahr, wie selten und wie dürftig sie diese Liebe zeigen. Während sie glauben, elterliche Liebe zu beweisen, drängen sie ihren Kindern etwas auf, versuchen, sie zu beherrschen, sie im Übermaß zu beschützen, sie vorzuziehen oder zu benachteiligen und zu manipulieren. Die Kinder reagieren dann wütend, entmutigt, empfindlich, oder sie beklagen sich und versuchen, sich zu rächen.

In vielen Familien sind die Beziehungen völlig zusammengebrochen. Es herrscht ein nicht offen erklärter Krieg, der mit Bündnissen, Strategien und schwerem Geschütz ausgefochten wird. Die Kinder, die sich schlecht behandelt fühlen, sind wild und rebellisch. Die Eltern, die sich unterlegen fühlen, üben Vergeltung. Jeder sieht nur seinen eigenen Standpunkt.

Eltern schimpfen auf ihre undankbaren Kinder, Kinder schimpfen auf ihr hartes Los in diesem Leben. Jeder Tag beginnt mit einem Kampf, um die Kinder aus dem Bett heraus und in die Klamotten hinein zu bekommen, und endet mit einem Kampf, um sie aus den Klamotten heraus und ins Bett hinein zu bekommen. Dazwischen gibt es Auseinandersetzungen wegen des Essens und wegen des Spielens, wegen der Hausaufgaben und der Streitereien der Kinder; es herrscht ein fortwährender Krieg zwischen Menschen, die einander lieben.

Kinder werden, besonders außerhalb des Hauses, kaum ein eigenes und unabhängiges Leben führen können, wenn sie sich über ihre Eltern ärgern und ihnen nicht vertrauen. Sie fühlen sich mißverstanden, gedemütigt, eingeschüchtert, gegängelt, beleidigt, beherrscht und so behandelt, als ob sie total unfähig wären. Sie fühlen sich in der Familie wie Menschen zweiter Klasse und rebellieren unverhohlen, sobald sie Gelegenheit dazu haben.

Wenn Eltern mit offenem Widerstand konfrontiert werden, sind sie oft schockiert und bestürzt. Alle Eltern wünschen sich eine glückliche und harmonische Familie, und die meisten Mütter und Väter bemühen sich sehr darum. Doch man hat oft den Eindruck, daß diejenigen, die am meisten für ihre Kinder tun, die undankbarsten Kinder haben. Sie wundern sich, was in ihre Sprößlinge gefahren ist, und sind nicht in der Lage, ihren eigenen Anteil an der Situation zu sehen. Es ist einfacher, die Schuld auf die moderne Zeit zu schieben, als sie bei sich selbst zu suchen.

Den Eltern ist gar nicht klar, wieviel Schaden sie ihren Kindern zufügen, wenn sie sie verwöhnen. Das Kind fordert immer mehr, und die Eltern wissen nicht, was sie dagegen unternehmen sollen. Sie haben keine Vorstellung davon, warum die Kinder sich so verhalten, probieren alles mögliche und verschlimmern so den schlechten Zustand nur noch mehr. Sie drohen und bestrafen, sie weinen, verteidigen sich und bitten; aber nichts hilft.

Weil dieser Kriegszustand in so vielen Familien herrscht, betrachten die Eltern ihn als eine normale Situation. Es ist ein alltäglicher, gewöhnlicher Zustand, den man gar nicht anders erwartet hat.

Wie ist diese tragische Situation zu erklären? Was macht die Kinder so empfindlich und mißtrauisch gegenüber den Eltern, die ihr Bestes tun, um ihnen ihre Liebe zu beweisen?

Auf einen einfachen Nenner gebracht: Der eigentliche Grund ist das Vorurteil, daß Eltern überlegen seien und das Recht hätten zu bestimmen. Schuld daran ist die immer wieder vertretene Meinung, daß Vater oder Mutter alles am besten wissen.

Wir leben in einer neuen, demokratischen Gesellschaft, in der keiner gewillt ist, sich etwas vorschreiben zu lassen. Schon sehr früh erheben Kinder den Anspruch zu tun, was sie wollen, und nicht, was man von ihnen verlangt. Unglücklicherweise haben weder Eltern noch Kinder eine Vorstellung davon, wogegen die Kinder eigentlich rebellieren, und abgesehen davon haben sie auch nicht die geringste Ahnung, wie sie die Auseinandersetzung beenden und ein Klima herstellen könnten, das für beide Generationen befriedigend wäre.

Wenn Eltern sich abmühen, ihre Überlegenheit zu behaupten, geht der Kampf los. Das Ringen zwischen den Generationen, das seinen äußeren Ausdruck in Ereignissen und Entscheidungen findet, ist in Wirklichkeit ein Ringen zwischen unterschiedlichen Willensrichtungen. Das ist eine Folge der demokratischen Revolution, in welcher jeder tut, was er will. Es hat immer einen Kampf zwischen den Generationen gegeben, aber er konnte nie offen ausbrechen, da die Gesellschaft für die Autoritäten Partei nahm. Heute beginnt die Rebellion der Kinder schon sehr früh, und sie befinden sich fortwährend im Kriegszustand mit den Erwachsenen.

Da die heutige Gesellschaft die Kinder gewähren läßt und Strafen nicht mehr gebilligt werden, müssen die Eltern lernen, ihre Kinder zu beeinflussen, ohne mit ihnen zu kämpfen. Viele Eltern geben alle Bemühungen auf, eine Harmonie herzustellen, weil sie keine Vorstellung haben, wie sie das machen sollten. Aber sie können lernen, Einfluß auszuüben, anstatt auf Autorität zu pochen. Der Familienrat ist eine Möglichkeit, durch die Eltern das erreichen können.

Im Lauf der dauernden Auseinandersetzungen werden die Eltern zu Sklaven ihrer Kinder. Die Kinder manipulieren ihre Eltern, und die Eltern merken das noch nicht einmal. Das beginnt schon, solange das Kind noch in der Wiege liegt, wenn es herausfindet, daß es seine pflichtbewußte Mutter durch eine bestimmte Art des Schreiens herbeirufen kann, lange bevor es irgendein Wort zu sprechen vermag. Bald weiß es, sie in seinen Dienst zu stellen, indem es legitime Bedürfnisse vortäuscht. Wenn das Kind heranwächst, wächst mit ihm auch das Repertoire seiner Tricks.

Ein Beispiel: Die Mutter ruft ein kleines Kind: »Komm rein, es ist zu kalt draußen?« Sie meint wirklich, es sei für ihren Liebling zu kalt, um draußen zu bleiben; sie glaubt, ihr Sprößling habe nicht genug Verstand, hereinzukommen, wenn er friert. Das Kind, dem es warm ist, während es im Schnee herumrennt, ärgert sich über die Aufforderung und wundert sich, wie seine Mutter so dumm sein kann. Obwohl diese von ihrer überlegenen Einsicht und von ihrer Verantwortung, ihr Kind zu schützen, überzeugt ist, erlebt das Kind seine eigene Realität, die von der ihren grundverschieden ist.

Selbst wenn es dem Kind kalt wäre, würde es das nicht zugeben. Es ist entschlossen, sich gegen seine Mutter zu behaupten. Je mehr diese will, daß es hereinkommt, um so geringer ist die Wahrscheinlichkeit, daß es das tut, unabhängig davon, wie kalt es ihm wird. Dies ist eine Möglichkeit, ihr zu trotzen, um ihr zu beweisen, daß sie es nicht manipulieren kann, sondern daß es tun kann, was es will.
Früher wurde ein Kind verhauen, wenn es etwas tat, was Vater oder Mutter mißbilligten Es gab dann sein schlechtes Benehmen auf. Wenn heute ein Kind etwas falsch macht und man versucht, es davon abzuhalten, tut es nur etwas noch Schlimmeres. Es tut vielleicht dasselbe auf andere Weise noch einmal oder findet eine andere Möglichkeit, um zu beweisen, daß es tun kann, was es will.
Dieser Kampf wird an tausend Fronten geführt. Eltern sagen: Kinder sind unerfahren, albern, unreif, unwissend, schwach, töricht — und brauchen die Führung und Kontrolle der Eltern. Kinder denken: Eltern sind unfair, mißtrauisch, neugierig, mäkelig und übertrieben bemüht — und sollten sich entspannen.
Wer hat recht? Sie haben beide recht, und das ist die Tragödie.

Auf dem Weg zu einer Lösung

Solche menschlichen Konflikte sind mit der Unfähigkeit verbunden, aufeinander zu hören. Der Familienrat ist ein kunstvolles Gebilde, ein Gefüge von Beziehungen, das jung und alt hilft, besser miteinander umzugehen und einander besser zu verstehen.
Wenn Eltern über ihr Unvermögen, die Familie in den Griff zu bekommen, verzweifelt sind, müssen sie lernen, auf ihre Rolle als Herrscher und Schiedsrichter zu verzichten und Führer und Leiter zu werden. Sie müssen sich sowohl von einem Stil des Laisser-faire wie auch von einem autoritären Stil weg und in Richtung auf eine mitverantwortliche, demokratische Haltung bewegen, die jedem Individuum eine eigene, gleichwertige Rolle in der Familie ermöglicht.

Unsere Lösung heißt Demokratie in der Familie — Gleichwertigkeit als Prozeß. In einer Demokratie gibt es nichts, was sich nicht durch mehr Demokratie in Ordnung bringen ließe.

Was bringt es mir?

Wie Sie, die Eltern, an diesem Buch sehen, können Sie in Ihrer Familie zu mehr Harmonie gelangen. Eine Familie zu ändern, ist in der Theorie einfach, aber in der Praxis nicht leicht zu bewerkstelligen. Es erfordert Verständnis für die Beziehungen in schwierigen wie auch in gut funktionierenden Familien und Einsicht in das eigene Handeln, in das der Kinder sowie in die Interaktionen der Gesellschaft. Eine gute Familie ist ein Kunstwerk, aber es muß einer kein Künstler sein, um es zu formen. Sie müssen nur wissen, was Sie tun können, und das sagt Ihnen dieses Buch.
Im folgenden sind einige der Vorteile aufgeführt, die der Familienrat mit sich bringt.

1. Glück

Jeder möchte glücklich sein. Viele Eltern lieben ihre Kinder, aber sie sind unglücklich mit ihnen. Es ist nicht eigentlich die körperliche Arbeit, die mit Kindern verbunden ist, die Mütter und Väter belastet, sondern es ist das Gefühl der Unsicherheit und Enttäuschung, das Eltern erleben, wenn sie das Verhalten und das Denken ihrer Kinder nicht steuern können. Selbst bei großer Liebe fehlt es gewöhnlich an gegenseitiger Achtung. Die Eltern erwarten, daß die Kinder ihnen und anderen älteren Personen Respekt erweisen, machen sich aber nicht klar, daß Kinder gleichermaßen der Achtung wert sind. Der Grundstein zum Glück ist gelegt, wenn erst einmal gegenseitige Achtung vorhanden ist.
Eltern fühlen sich schnell angegriffen, wenn ein Kind »eine freche

Antwort gibt«, und sie fordern, daß ein Kind »Respekt zeigt«. Aber selten halten Eltern einmal inne, wenn sie mit ihrem Kind reden, um sich selbst sprechen zu hören. Der Klang der Stimme drückt aus, was gemeint ist. Oft übermittelt er dem Kind die Botschaft, daß es eine unterlegene, unzulängliche, unerträgliche Person ist, die zu tun hat, was man ihr sagt.

Eltern haben einem anderen Erwachsenen, etwa einem Freund gegenüber, einen anderen Ton, der diesem zeigt, daß er akzeptiert wird, und seine Gleichwertigkeit bestätigt. Kinder hören diese Unterschiede genau und reagieren gerade dann selten mit Respekt, wenn er von ihnen gefordert wird. Um in einem Kind die Achtung vor anderen zu wecken, muß man es mit Achtung behandeln, damit es erfährt, was das ist.

Sehr oft, wenn Eltern Respekt fordern, wollen sie im Grunde völlige Unterordnung. Das ist unmöglich. Jeder Versuch in dieser Richtung macht unglücklich. Wo gegenseitige Achtung herrscht, ist Harmonie und, damit verbunden, Glück.

2. *Effektivität*

Wenn durch den Familienrat in der Familie Gleichwertigkeit erreicht worden ist, hat das auch zur Folge, daß die Arbeiten in der Familie schneller, einfacher und wirksamer erledigt werden können. Es gibt in jeder Familie viele Aufgaben, und es gibt mehrere Mitglieder, die sie erledigen können. Es gibt Aufgaben, die besonders dringlich sind und sofort erledigt werden müssen. Einige entstehen aus der Lebensweise der Familie und aus den Aktivitäten, die ihr Freude machen. Der größte Teil der Arbeit im Haushalt dient jedoch der Befriedigung der Grundbedürfnisse: Essen, Wohnung, Kleidung und Erziehung. Arbeiten dieser Art fallen regelmäßig an, und sie müssen erledigt werden, wenn die Bedürfnisse der Familienmitglieder befriedigt werden sollen.

Die Frage ist, wer tut die Arbeit und wann? In den meisten Familien ist die Arbeit Sache der Eltern, vor allem der Mutter, die als die einzig Zuständige für den Haushalt angesehen wird. Vom Vater wird gewöhnlich erwartet, daß er allein den ganzen Lebensunterhalt bestreitet, von der Mutter, daß sie die Hausarbeit erledigt. Die Arbeit der Eltern wird zuwenig geachtet, und oft haben Mütter das Gefühl, daß die Sklaverei der Preis für das Kinderhaben ist.

Das Ergebnis: Die Kinder sind faule Schmutzfinken, die Mütter ewige Putzfrauen, und die Väter erwarten einen perfekten Service. So herrscht im Haushalt ein ständiges Nörgeln, Betteln und Gezanke, und das alles, weil demokratische Verfahren fehlen.

Es herrscht immer noch die unbegründete Vorstellung, der Vater stehe an der Spitze, die Mutter unmittelbar unter ihm an zweiter Stelle und die Kinder darunter. Tatsächlich fühlt sich der Vater überlastet und nicht genügend gewürdigt, der Mutter geht es ähnlich, und die Kinder sind mit dem Versuch beschäftigt, ihre Unabhängigkeit zu behaupten, um zu zeigen, daß sie nicht ganz unten sind.

Eine der Aufgaben des Familienrats besteht darin, den Umfang der Arbeitsbelastung im Haus festzustellen und für eine Neuverteilung zu sorgen. Das Ziel ist mehr Gleichheit hinsichtlich der Verantwortung und der gegenseitigen Achtung.

Wenn der Familienrat gut funktioniert, wird die Arbeit ohne Nörgelei getan, und die Familienmitglieder finden wieder Freude in der Gemeinschaft. Allmählich fühlen sich alle Mitglieder für die Erledigung der häuslichen Pflichten zuständig. Unangenehme Aufgaben werden im Wechsel erledigt, so daß sie nicht dauernd an einem Familienmitglied hängen. Die Zänkerei hört auf, der Umgangston wird erfreulicher.

3. Kommunikation

Wird man durch die Einführung des Familienrats in der Familie mehr oder weniger miteinander sprechen? Weder das eine noch das andere. Der Familienrat will erreichen, daß sich die Qualität der Kommunikation verbessert. Kommunikation reicht weiter als Worte — wir alle wissen, welchen unmittelbaren Eindruck ein Blick, eine Geste auf uns machen, wie sie uns beglücken oder verletzen können. Wir verstehen auch die Bedeutung anderer, nichtsprachlicher Kommunikation: die Botschaft einer Berührung oder die entgegengesetzte Botschaft, wenn sich jemand zurückzieht.

Wenn der Familienrat funktioniert, erübrigt sich nutzloses Reden weitgehend. Es ist nicht mehr notwendig zu ermahnen, sich zu beklagen, zu nörgeln, zu zanken, zu drohen. Statt dessen kann man sich freundlich unterhalten und Gedanken austauschen, wie es unter Gleichwertigen sein sollte. In einem Klima gegenseitigen Respekts können die Kinder es riskieren, von ihren Erlebnissen zu berichten, auch wenn sie dabei einmal nicht im besten Licht erscheinen. Mit der gegenseitigen Achtung wächst auch der Mut, unvollkommen zu sein, bei Eltern wie bei Kindern.

Die meisten von uns wissen, daß sie nicht vollkommen sein können, aber wir verschwenden unser Leben mit dem Versuch, besser zu werden, als wir sind. Nur wenn uns klar wird, daß Vollkommenheit unerreichbar ist, können wir aufhören, danach zu streben. Dann finden wir den Mut, menschlich zu sein, also, uns gut genug zu fühlen als unvollkommene Menschen in einer unvollkommenen Welt.

Der Mensch, der immer nach Vollkommenheit strebt, muß ständig in Bewegung sein, und er erlebt, daß er sich nicht nur aufwärts, sondern auch abwärts bewegt. Er kann nie sicher sein, daß er sich weit genug oben befindet, und muß deshalb in Spannung, Furcht und Ängsten leben. Er ist ständig verwundbar.

Der Mensch dagegen, der den Mut zur Unvollkommenheit hat, braucht sich nicht mit dem Oben oder Unten auseinanderzusetzen, sondern kann sich vorwärts bewegen, in der von ihm gewählten Richtung. Wenn ihm etwas mißlingt, kann er nach einer Möglichkeit suchen, um es in Ordnung zu bringen, und er braucht sich keine Sorgen darüber zu machen, wieweit sein Prestige in Mitleidenschaft gezogen wird. Nie steht sein persönlicher Wert auf dem Spiel, deshalb hat er es nicht nötig, ihn zu verteidigen.

4. Es besteht weniger Notwendigkeit zu strafen

Die Notwendigkeit zu strafen vermindert sich in dem Maß, wie sich die Beziehungen zwischen den Familienmitgliedern verbessern. Gleichwertige Menschen bestrafen und belohnen einander nicht. Die Kinder werden ihr Verhalten schon ändern, wenn sie merken, daß sie sich nicht schlecht zu benehmen brauchen, um von den Eltern Aufmerksamkeit zu bekommen.

Das Tempo der Veränderung in den Beziehungen ist abhängig: 1. von der Fähigkeit der Eltern, die Theorie und Praxis des Familienrats zu verstehen, 2. von ihrer Bereitschaft, das verstandesmäßig Aufgenommene in die gegenwärtige Praxis umzusetzen, ihrem Mut, den Versuch zu wagen und auf den Erfolg zu vertrauen.

Die beste Voraussetzung dafür ist, daß die Eltern ihre Kinder respektieren und so eine Atmosphäre schaffen, in der auch die Kinder ihre Eltern gern respektieren.

Um zu veranschaulichen, was in einer Familie tatsächlich geschieht, wenn die Eltern anfangen, die Vorteile zu begreifen, die der Familienrat bringt, geben wir einen Auszug aus einem langen Brief, den eine Mutter über ihre eigenen Erfahrungen geschrieben hat:

Mein Mann und ich fragten die Kinder, ob sie daran interessiert wären, es mit einem Familienrat zu versuchen. Die Ergebnisse waren ebenso faszinierend wie phantastisch. Wir alle mußten unsere Denkweise umstellen, und das war nicht einfach. Wir erlebten einige Rückschläge, die gleichfalls Erfahrungen darstellten, aus denen wir lernen konnten.

Wir sind zu sechst. Mein Mann Gerd (31) ist Schreiner, ich (30) bin Hausfrau. Unsere Kinder sind Beate (11½), Dirk (10), Helga (7) und Andreas (6). Wir Eltern kamen ziemlich zögernd zu den Sitzungen mit schlimmen Ahnungen, wie unsere vier Kinder uns herumkommandieren würden. Wie hatten wir uns da getäuscht! Wir hatten auch die Vorstellung, das wäre für sie nur ein großer Spaß, und sie wollten uns nur testen, um zu sehen, wie weit wir gehen würden. Auch hier waren wir völlig im Irrtum.

Bei unserer ersten Zusammenkunft legten wir ein paar Grundregeln fest; die wichtigste war, daß dies kein Meckertreffen sei. Wir begannen mit dem, was in unserem Haus immer schon der größte Streitpunkt gewesen war: der Zubettgehzeit.

Zuerst fragten wir Beate, welche Zeit sie für sich selbst als fair vorschlagen würde, und baten sie, das zu begründen. Sie sagte halb zehn, weil sie die Älteste sei. Dirk erinnerte uns alle daran, daß sich um Beate morgens keiner zu kümmern braucht, daß sie immer von selbst rechtzeitig aufsteht. Die Familie stimmte ab, und für Beate wurde halb zehn Uhr festgesetzt. Der nächste war Dirk. Er sagte, neun wäre eine gute Zeit für ihn, denn Beate könne dann das Badezimmer eine halbe Stunde lang für sich alleine haben. Dann kam Helga. Sie wünschte sich halb neun. Abgestimmt und genehmigt. Schließlich sagte Andreas, er würde gern so lange aufbleiben wie Dirk, aber wir fanden das nicht gut. Nach einer Diskussion einigten wir uns auf acht Uhr, und er stimmte zu.

Zu diesem Zeitpunkt waren mein Mann und ich schon völlig platt. Wir trauten unseren Augen und Ohren nicht, wie ernsthaft unsere Kinder vorgingen, und welches Verständnis sie bewiesen.

Bei diesem historischen ersten Treffen sprachen wir auch über die im Haushalt anfallenden Arbeiten. Ich hatte bisher jedem Kind täglich seine Aufgaben zugeteilt, ihre Ausführung gefordert und dann ein Auge auf sie gehabt, bis die Arbeit getan war. Bei dem Treffen stellte jedes Kind eine Liste der Hausarbeiten zusammen, die es für eine Woche übernehmen wollte, wir diskutierten jede Liste, wechselten einiges aus und einigten uns dann.

Die erste Woche war toll. Die Kinder überwachten einander, und weder Gerd noch ich mußten auch nur einmal sagen: »Geh zu Bett!« Wir mußten nur zweimal in der ganzen Woche jemand daran erinnern, seine Hausarbeit zu erledigen.

Die zweite Woche war nicht ganz so gut, aber wir lernten ja alle noch. Beim zweiten Treffen schnitt ich das Problem an, daß die Kinder immer wieder ihr Schulbrot vergaßen, und sagte ihnen, daß ich es ihnen nicht länger zur Schule nachtragen würde. Helga schlug vor, daß der, der sein Schulbrot vergessen hätte, sich etwas in der Pause kaufen könnte, es aber mit seinem eigenen Geld bezahlen müßte. Wir stimmten alle zu.

Beim dritten Treffen gingen wir alle schon etwas mehr aus uns heraus. Ich warf den anderen vor, die Abmachungen nicht vollständig einzuhalten, und sie beschuldigten mich, daß ich mich zu oft einmischen würde. Gerd meinte, es sei wohl an der Zeit, ein paar weitere Grundregeln aufzustellen, und wir einigten uns darauf, daß jede Woche ein anderer Sprecher den Vorsitz bei unseren Versammlungen führen sollte, so daß jeder von uns regelmäßig an die Reihe käme.

Nach einigen Wochen kam eine Zeit des Stillstands, in der wir keine Übereinstimmung in Dingen, die uns störten, erzielen konnten. Wir nahmen uns vor, für eine Woche alle bisher getroffenen Abmachungen fallenzulassen und zu dem alten Zustand zurückzukehren, um zu sehen, was daraus würde. Während dieser Woche fühlten wir uns alle miserabel. Gerd und ich nörgelten, wir beklagten uns, bekamen bei allen nur denkbaren Gelegenheiten Krach, und keiner fühlte sich wohl dabei. Als dann der Zeitpunkt des Treffens am Dienstagabend kam, machten wir einen neuen Anfang, und ich hatte nur die eine Hoffnung, daß wir eine solche Woche nicht noch einmal durchmachen müßten.

Unsere ganze Familie lernt allmählich, sich gegenseitig als Gleichwertige zu behandeln, und ich bin sicher, wenn andere Familien es versuchen würden, sie könnten genausoviel davon haben wie wir.

Mit herzlichen Grüßen

Elisabeth Koch

Die Autoren können diesen Worten nichts hinzufügen, was ihren Eindruck noch verstärken würde. Der Brief ist eine beredte Antwort auf die Frage: »Was bringt der Familienrat mir?«

Der Fortschritt, den diese Familie gemacht hat, läßt sich daran ablesen, daß es anfangs die Eltern waren, die den Familienrat in etwas autoritärer Weise in Gang brachten. Am Ende des Briefes nun schreibt die Mutter, daß sie alle gemeinsam lernen. Es ist nur natürlich, daß die Eltern am Anfang herumtasten, viele Fehler machen und das Gefühl haben, sie seien nicht in der Lage, ein demokratisches Familienleben zu führen. Durch nichts in ihrem bisherigen Leben oder ihrer Erfahrung sind sie darauf vorbereitet worden, mit ihren Kindern auf der Basis der Gleichwertigkeit umzugehen. Aber jede Familie kann die Fähigkeit erwerben, Konflikte zu lösen und kooperativ zusammenzuleben.

Es gibt eine gute Methode, um die Qualität eines Familienrats einzuschätzen: Man sollte darüber nachdenken, wie man sich an eine Sitzung erinnert. Wenn Sie als Eltern im nachhinein denken: »Wir haben beschlossen«, ist es wahrscheinlich, daß einer von Ihnen oder beide eine Entscheidung ohne allgemeine Zustimmung durchgedrückt haben. Wenn Sie sich jedoch an das Treffen mit dem Gefühl erinnern: »Es wurde beschlossen«, ist es sehr viel wahrscheinlicher, daß es eine gemeinsame Entscheidung war, bei der alle Familienmitglieder übereinstimmten.

WIE MAN ES MACHT — TECHNIKEN

Die Techniken für die Durchführung eines Familienrats ergeben sich aus den Prinzipien, die wir schon aufgestellt haben. Kurz gesagt, der Familienrat sollte eine Versammlung gleichwertiger Menschen sein, die sich regelmäßig treffen, unter den Bedingungen, die zu Beginn des Buches angegeben wurden.

Wenn die Erwachsenen in der Familie sich über den Zweck und die Erfordernisse des Familienrats genügend informiert fühlen, dann ist der Zeitpunkt gekommen, einen Anfang zu machen. Eltern, die dieses Buch, oder auch andere Bücher über Kindererziehung von Rudolf Dreikurs, gelesen haben, kommen gewöhnlich ins Gespräch darüber, wie notwendig ein Familienrat für sie wäre und wie sie in der eigenen Familie einen Familienrat einrichten könnten.

Viele Eltern, mit denen wir in Kontakt stehen, sind äußerst unsicher, wie sie damit anfangen sollen. Sie sind so besorgt, alles »richtig« zu machen, daß sie sich davor fürchten, einen falschen Anfang zu machen. Die Art des Anfangs ist aber längst nicht so wichtig wie die Einstellung zu der ganzen Sache.

Wenn man dabei ins Schleudern kommt, kann man sicher sein, daß es allen anderen Eltern genauso ergangen ist, die jemals versucht haben, den Stil des Zusammenlebens mit ihren Kindern zu ändern. Die meisten Eltern von heute sind weder durch ihre Herkunft noch durch ihre Ausbildung und Erziehung auf eine Atmosphäre der Gleichwertigkeit oder ein demokratisches Familienleben vorbereitet.

Die wichtigste Eigenschaft, die man braucht, ist wahrscheinlich Offenheit. Man sollte denken: »Wir wollen sehen, wie wir gemeinsam damit zurechtkommen« und nicht: »Jetzt erscheint ihr alle zu dem von mir gewünschten Treffen.«

Setzen Sie das Datum für das erste Treffen fest

Wenn die Eltern übereingekommen sind, einen Familienrat zu gründen, müssen sie einen Zeitpunkt für das erste Treffen herausfinden, zu dem alle Familienmitglieder erscheinen können. Es ist wichtig, daß die Zusammenkünfte planmäßig abgehalten werden, und nicht, wenn es irgendeinem gerade einfällt. Zusammenkünfte aus dem Stegreif sind immer durch eine gewisse Ungeduld belastet. Gewöhnlich werden sie bei Konflikten zwischen den Familienmitgliedern anberaumt, wenn die Gefühle hohe Wellen schlagen und eine ruhige Diskussion unmöglich ist. In solch einer Atmosphäre werden Worte dann zu Waffen, anstatt daß sie als Verständigungsmittel dienen. Wenn der Familienrat nach einem festen Plan zusammenkommt, kann die Familie zusätzliche Abmachungen treffen, mit denen sie auch unerwarteten Situationen begegnen kann.

Laden Sie die anderen ein

Die Eltern informieren alle anderen Familienmitglieder darüber, daß sie die Absicht haben, einen Familienrat einzurichten, teilen ihnen Datum und Zeit des ersten Treffens mit und laden sie ein, daran teilzunehmen. In diesem Moment werden die Kinder viele Fragen stellen, besonders wenn die Familie sich bis dahin nicht demokratisch verhalten hat. Sie wollen wissen, was ihnen der Familienrat bringt, welche Art Entscheidungen getroffen werden und von wem. Sie wollen vielleicht auch wissen, was geschieht, wenn sie sich entscheiden, nicht teilzunehmen.

Es muß zugesichert sein, daß die Teilnahme kein Zwang ist, daß jeder, der fernbleiben will, das tun kann, aber man darf dann auch erwähnen, daß Entscheidungen unabhängig davon getroffen werden, wie viele an der Sitzung teilnehmen. Dies darf nicht wie eine Drohung geäußert werden, sondern so, wie man eine Situation darstellt, die eben eintreten kann.

Beziehen Sie jeden ein

Wie früher schon dargelegt, sind alle Personen, die im Haushalt leben, gleichwertige Mitglieder des Familienrats. Im allgemeinen ist ein Kind, das sich sprachlich verständigen kann, fähig, effektiv am Familienrat teilzunehmen. Auf der anderen Seite muß auch ein älterer Verwandter, der vielleicht im Haus lebt und wenig Kontakt zur jüngeren Generation zu haben scheint, in den Familienrat einbezogen werden; ihm muß man mit gleicher Aufmerksamkeit zuhören.

Sorgen Sie für einen »Chairman«

Jede Versammlung braucht einen, der Ordnung hält. Im Familienrat wird er gewöhnlich »Chairman« (Vorsitzender) genannt, obwohl in einigen Familien andere Bezeichnungen bevorzugt werden, wie Leiter, Moderator usw. Das Amt geht reihum und wird wöchentlich oder monatlich neu besetzt, so daß jedes Mitglied die Chance hat, seine Erfahrungen damit zu machen. Auch wenn kleine Kinder vielleicht noch nicht wissen, wie sie sich in dieser Funktion verhalten sollen, lernen sie doch am Beispiel. Aus diesem Grunde ist es gewöhnlich ratsam, daß beim ersten Treffen einer der Erwachsenen als Vorsitzender fungiert, so daß die jüngeren Kinder eine Vorstellung davon bekommen, was gesagt und getan werden muß. Wie auch immer man sich in dieser Beziehung entscheidet, Eltern müssen besonders vorsichtig sein, daß sie keine Anweisungen erteilen, sondern allen Kindern die Möglichkeit geben, ihre Meinung zu äußern, zu fragen und gemeinsam zu entscheiden, wie der Familienrat geleitet und wie der Wechsel im Vorsitz durchgeführt werden soll.

Geben Sie Informationen

Bevor man einzelne Aufgaben in Angriff nehmen kann, sollte besprochen werden, auf welcher Grundlage der Familienrat arbeitet. Das ist der Zeitpunkt, zu dem die Eltern erzählen können, was sie über Gleichwertigkeit in der Familie gelernt haben und warum sie meinen, daß ein Familienrat für alle Familienmitglieder hilfreich sein kann. Es werden Fragen nach dem Ergebnis gestellt werden, die die Eltern nicht beantworten können. Sie müssen dann ehrlich sein und schon an dieser Stelle zeigen, daß sie gewillt sind, ihre autokratische Rolle aufzugeben. Wenn die Kinder entdecken, daß ihre Eltern hier nicht auf ihre geistige Überlegenheit pochen, sondern auch Unzulänglichkeiten zugeben können, werden sie auch im Familienrat Gleichwertigkeit für möglich halten.

Entwickeln Sie Grundregeln

Damit der Familienrat funktionieren kann, müssen die Regeln, nach denen er durchgeführt wird, für alle annehmbar sein. Einige der Grunderfordernisse wurden schon erwähnt: Es ist notwendig, eine regelmäßige Zeit und einen bestimmten Ort festzusetzen, die Ämter reihum gehen zu lassen und einstimmige Entscheidungen zu treffen. In einigen Familien mögen auch genauere Regeln entwikkelt werden, die bis zu einer schriftlichen Satzung führen können, aber der Familienrat kann schon mit wenigen Grundregeln wirksam arbeiten. Im Lauf der Zeit können die Umstände es wünschenswert erscheinen lassen, Regeln für besondere Situationen hinzuzufügen, zu Beginn jedoch kann eine zu ausgedehnte Diskussion über die Grundregeln die Arbeit des Familienrats geradezu behindern.
In den ersten Versammlungen sind sicher Schwierigkeiten zu überwinden. Sobald sich jedoch die Einstellung der Gleichwertigkeit auszuwirken beginnt, werden unerwartete Themen vorgebracht

und überraschende Kommentare gegeben werden. Es ist unmöglich, vorherzusagen, was alles geschehen wird oder wie eine Familie mit jeder Situation fertigwerden kann, aber die folgenden Probleme sollte man beachten:

1. Verstöße gegen die parlamentarischen Regeln

Jedes Mitglied hat das Recht, sich frei zu äußern, und zugleich die Pflicht, dem, der spricht, dann auch zuzuhören. Die Einhaltung parlamentarischer Ordnung gibt den einzelnen Mitgliedern die Sicherheit, daß sie ordnungsgemäß an die Reihe kommen. Wenn jemand sprechen will, muß ihm von dem jeweiligen Vorsitzenden das Wort erteilt werden. Niemand, besonders nicht die Eltern, darf unterbrechen, korrigieren, kritisieren oder seinen Kommentar zu sehr ausdehnen. Eltern sollten die Sitzung nicht dazu benutzen, zu predigen, zu schimpfen oder auf andere Weise die Versammlung zu beherrschen, sondern sie sollten ihre Meinung in der Weise sagen wie jeder andere auch.

2. Dringende Entscheidungen

Wenn sich ein Familienmitglied oder sogar die ganze Familie in einer Krise fühlt und besonders darauf aus ist, daß der Familienrat sich mit dem Problem beschäftigt, ist eine vernünftige Diskussion gewöhnlich nicht möglich. Den meisten Krisen tut eine Abkühlungsphase ganz gut, so daß alle Familienmitglieder lernen können, unangenehme Situationen zu ertragen. Je stärker ein Familienmitglied das Gefühl hat, daß eine Entscheidung sofort getroffen werden muß, um so wahrscheinlicher ist es, daß man die Entscheidung besser verschiebt. Solange der Familienrat noch keinen Entschluß gefaßt hat, hat jedes Mitglied die Freiheit, mit der Situation auf seine Weise fertigzuwerden; eine gemeinsame Beratung jedoch wird besser erst einmal verschoben.

3. Klagen und Beschwerden

Obgleich der Familienrat ein ausgezeichnetes Forum ist, vor dem die Familienmitglieder ihre Probleme und Klagen über das Familienleben vorbringen können, sollte er nicht ausschließlich dazu dienen, Beschwerden und Kritik loszuwerden. Er ist kein Gerichtshof, vor dem jeder das ihm widerfahrene Unrecht schildert, um ein Urteil herbeizuführen, sondern vielmehr der Ort, an welchem jeder seine Probleme vorbringt, damit die ganze Gruppe überlegt, was sie tun kann, um zur Lösung dieser Probleme beizutragen.

Erfreuliche Dinge können in den Familienrat einbezogen werden, indem man die gemeinsame Freizeit plant und in der Gruppe darüber entscheidet, wohin man in den Ferien geht, welche Ausflüge stattfinden sollen, welche Party man machen will.

4. Falsche Entscheidungen

Oft werden die Kinder infolge ihrer Unerfahrenheit Entscheidungen treffen, die den erfahreneren Eltern nicht richtig zu sein scheinen. Für die Eltern ist die Versuchung groß, auf ihre bessere Einsicht zu pochen. Aber wenn die Entscheidung nicht gerade lebensbedrohlich ist, erreichen die Eltern mehr, wenn sie sich zurückhalten und den anderen die Möglichkeit geben, das Ergebnis einer solchen Entscheidung selbst zu erfahren. Wenn die Kinder selbst entdecken, wie unangemessen ihre Entscheidung war, werden sie für die Zukunft mehr daraus lernen, als wenn sie sich einen weiteren Vortrag der Eltern hätten anhören müssen.

5. Verbesserungen und Änderungen

Eine einmal getroffene Entscheidung muß bis zur nächsten Familienratssitzung Gültigkeit haben. Keiner hat das Recht oder die Autorität, einen Familienbeschluß zwischen den Sitzungen auszusetzen oder zu verändern. Es hat auch kein Mitglied das Vorrecht, sich für ein anderes Vorgehen zu entscheiden und anderen seinen

Willen aufzudrängen. Wenn jedoch irgendein Familienmitglied sich nicht an die Vereinbarungen hält, die bei der Familienratssitzung getroffen worden sind, haben die anderen das Recht, dementsprechend zu reagieren. Wenn zum Beispiel die Kinder die von ihnen übernommenen Hausarbeiten nicht erledigen, hat auch die Mutter das Recht, Arbeiten liegenzulassen, die sie übernommen hat. Wenn die schmutzigen Sachen nicht an der richtigen Stelle abgelegt werden, kann sie diese nicht waschen. Wenn die Küche nicht, wie verabredet, saubergemacht wurde, kann die Mutter nicht kochen.

6. Gegenseitige Verantwortung

Niemand trägt allein die Verantwortung für ein reibungsloses Funktionieren der Familie, weder der Vater noch die Mutter, noch eines der Kinder. Genauso, wie alle das gleiche Recht haben, im Familienrat Vorschläge zu machen, und wie alle die gleiche Stimme bei Entscheidungen haben, tragen alle, entsprechend ihren Fähigkeiten, an der Verantwortung für die ganze Familie mit. Natürlich werden der Vater oder die Mutter einen größeren Teil der Verantwortung übernehmen. Andererseits ist es wesentlich, daß die Mutter die Aufteilung der Arbeit auch wirklich akzeptiert und sich von Schuldgefühlen freimacht, wenn die Familie nicht so perfekt funktioniert, wie sie das gern hätte.

Wenn Eltern die gesamte Verantwortung tragen, haben die Kinder keine Gelegenheit zu lernen, für sich selbst zu sorgen oder sogar Verantwortung für andere zu übernehmen. Von frühester Jugend an müssen sie als vollwertige Menschen respektiert werden, die mit den Forderungen fertigwerden können, die das Leben an jeden stellt.

7. Schwierigkeiten und Fallen

Ein Familienrat kann auf vielerlei Art scheitern. Wir haben nur einige wenige der häufigsten Fehler beschrieben. Andere werden im folgenden Teil des Buches deutlich, wo Protokolle von tatsächlichen Familienratssitzungen wiedergegeben und kommentiert werden. Die Familienmitglieder müssen sich klarmachen, daß der Familienrat für die Familie zunächst eine völlig neue, unerprobte Einrichtung darstellt, und daß es Zeit und Anstrengung erfordert, bevor sich ein Erfolg einstellen kann. Die Durchführung eines Familienrats verlangt die Zusammenarbeit aller. Sie verlangt von allen Familienmitgliedern eine Veränderung ihrer Rollen und bedeutet für jeden eine Aufgabe. In der Wettbewerbsgesellschaft, in der wir leben, ist Kooperation schwer zu erreichen, aber sie kann sich entwickeln.

Man darf nicht erwarten, daß eine Gruppe von Menschen, die zusammenleben, jederzeit reibungslos als Einheit funktioniert. Es wird Schwierigkeiten geben, Konflikte werden auftreten, und zeitweilig mag es mühevoll erscheinen, den Familienrat aufrechtzuerhalten. Auf die Dauer aber wird sich jedes einzelne Familienmitglied weiterentwickeln und stärker werden durch die ständige Bemühung, als gleichwertiger Partner mit anderen zusammenzuleben. Selbst wenn die Familienratssitzungen eine Zeitlang ausgefallen sind, lohnt es sich, neu anzufangen. Das nächste Mal geht es vielleicht schon besser, und es ist immer möglich, Fortschritte zu machen. Auch für einen kleinen Erfolg lohnt es sich zu arbeiten.

DEN ANFANG MACHEN

Zum Entstehen dieses Buches haben viele Familien beigetragen, die ihre Familienratssitzungen auf Tonband festgehalten haben, damit andere aus ihren Irrtümern und Erfolgen Nutzen ziehen können. Das folgende Material ist diesen Protokollen entnommen; die Namen der Teilnehmer wurden verändert, um ihre Anonymität zu wahren. Jeder Auszug wird kommentiert, um die Schwierigkeiten zu beleuchten, die auf der Suche nach dem demokratischen Weg der Gleichwertigkeit zu überwinden sind. Die Kommentare darf man auf keinen Fall als Kritik an den Eltern oder ihrer Ausdrucksweise verstehen. Jede der Familien, deren Familienratssitzungen besprochen werden, befindet sich in einem Lernprozeß. Der Sinn der Kommentare ist es, jedem Leser zum Verständnis unseres gedanklichen Konzepts zu verhelfen, damit er an den Beispielen lernen kann.

Die Reihenfolge der Ausschnitte ist durch ihre Beziehung zu einem speziellen Problem oder Thema bedingt und nicht dadurch, daß sie sich in irgendeiner Familie so ergeben hätte. Die Schwierigkeiten sind überall dieselben, und jede Familie kann von den Erfahrungen einer anderen lernen. Die Themen sind verschieden, da sie von vielen Faktoren abhängen: dem Alter der Kinder, der Größe der Familie, der Lebensweise, um nur einige wenige zu nennen. Die Herausforderung bleibt jedoch dieselbe: zu lernen, demokratisch zu leben, Gleichwertigkeit in der Praxis zu erfahren.

Robert und Alice sind die Eltern zweier Töchter: eines Mädchens, das noch nicht zur Schule geht, und eines Säuglings. Als sie sich entschlossen, einen Familienrat einzurichten, fiel es ihnen schwer, dem älteren Kind ihr Vorhaben zu erklären. Sie ergriffen die Gelegenheit, als sich alle drei gerade über ein wichtiges Thema unterhielten.

Lotti, die noch nicht schulpflichtige Tochter, machte sich wegen eines Besuchs beim Zahnarzt Sorgen:

Lotti: Mami, wann bringst du mich zum Zahnarzt?
Mutter: Wollen wir das jetzt besprechen? Dann mal los! Soll ich einen Termin für dich verabreden?
Lotti: Ja.
Mutter: Du willst also mit mir zum Zahnarzt gehen. Warum denn?
Lotti: Er soll das Loch in meinem Zahn in Ordnung bringen.
Mutter: Du hast ein Loch im Zahn?

Weder Mutter noch Vater freuen sich darüber, daß Lotti es versteht zu planen, und beide meinen irrtümlicherweise, sie müßten sich sehr besorgt zeigen.

Vater: Sag mal, warum mußt du zum Zahnarzt?
Lotti: Weil ich ein Loch im Zahn hab'.
Vater: Ach!

Da sie nicht darin geübt sind, sich mit ihrer Tochter auf gleicher Ebene zu unterhalten, zeigen beide eine übertriebene Fürsorge; in der Art, wie sie auf ihre Tochter einreden, kommt die ängstliche Besorgnis zum Ausdruck, das Richtige zu tun. Sie stellen wiederholt die gleichen Fragen und geben die gleichen Antworten.

Mutter: Gut, du weißt, Mami muß diese Woche nochmals in die Stadt zum Zahnarzt; du bleibst dann bei Tante Elke, während ich beim Zahnarzt bin, denn ich muß noch einen anderen Zahn plombieren lassen. Dann an einem Tag nächste Woche — sollen wir sagen nächste Woche, oder wann möchtest du zum Zahnarzt gehen?

Die Mutter hat mit Reden angefangen und endet mit Fragen. Beim Versuch, Lotti eine Wahl zu lassen, bekommt sie eine unerwartete Antwort.

Mutter: Ja, nun, ich kann heute keinen Termin mehr bekommen, es ist zu spät, aber soll ich ihn fragen, wann wir kommen können?
Lotti: Ja, klar.
Mutter: Gut. Beim selben Zahnarzt, zu dem auch Susi geht?
Lotti: Nein.
Mutter: Warum nicht?
Lotti: Beim selben, zu dem du gehst.

Lotti schwebt offensichtlich ein anderer Zahnarzt vor als ihrer Mutter. Da die Mutter von ihrer eigenen Zahnbehandlung sprach, war es für Lotti nur natürlich anzunehmen, daß sie zu demselben Zahnarzt gehen würde. Die Mutter ist anderer Meinung, und bei dem Versuch, ihr dies zu erklären, setzt sie ihre ganze Überredungskunst ein. Mit Unterstützung des Vaters will sie Lotti umstimmen. Beachten Sie Lottis natürliche Reaktion.

Mutter: Derselbe, zu dem ich gehe? Der, zu dem ich gehe, ist nur für Mamis und Papis und Erwachsene, und ich möchte, daß du zu einem Zahnarzt für Kinder gehst. Der gibt dir sicher auch eine eigene Zahnbürste. Er hat kleine Geschenke für dich.
Vater: Wie findest du das? Ganz gut, was?

Der Vater schließt sich nicht nur dem Versprechen auf eine Belohnung an, sondern versucht Lotti auch die Worte in den Mund zu legen, die er hören will.

Lotti: Ich hab' schon eine blaue und eine rosa Zahnbürste. Das Baby könnte meine blaue Zahnbürste haben, denn es mag blau.
Mutter: Ja, kann sein.
Lotti: Jetzt legen wir alle die Hände auf den Tisch ...
Mutter: Was ist, mein Liebling?
Lotti: Ich will jetzt »Alle Vögel fliegen hoch« spielen, und ihr müßt jetzt alle machen, was ich sage.

Lotti weiß, daß das Thema abgeschlossen ist und Mutter alles arrangieren wird. Vielleicht will sie als Reaktion darauf, daß die Eltern über sie bestimmen, nun ein Spiel anfangen, in dem sie das Sagen hat. Aber ihre Eltern sind dazu nicht bereit.

Mutter: Aber wir halten doch jetzt gerade unseren Familienrat ab.
Vater: Wir haben Familienrat.
Mutter: Vielleicht nachher.
Lotti: Dann spiele ich eben allein »Alle Vögel fliegen hoch«, und ich fang' an. Denn ich war erster.
Mutter: Gibt es noch irgend etwas, worüber du reden willst? Du hast die Sache mit dem Zahnarzt vorgebracht. Gibt es noch was, worüber du reden willst?
Lotti: Das ist alles. Mach' du den Rest.

Dies wäre ein ausgezeichneter Zeitpunkt gewesen, um Schluß zu machen, aber in ihrem Eifer fahren die Eltern mit der Sitzung fort. Obwohl Lotti das Interesse verloren hat, bekommen sie es fertig, sie noch einige Male in das Gespräch zu ziehen.

Mutter: Gut, wir werden versuchen, das in der kommenden Woche zu machen. Wir werden sehen, ob es klappt.
Lotti: Jetzt wollen wir aber »Alle Vögel fliegen hoch« spielen.
Mutter: In Ordnung, ich meine auch, daß wir jetzt »Alle Vögel fliegen hoch« spielen können.
Lotti: Alle Tauben fliegen hoch!
Mutter: Sind wir fertig mit unserem Familienrat?
Vater: Also Schluß, ja?
Mutter: Sollen wir nächste Woche wieder einen Familienrat abhalten? Laßt mich eben noch etwas über unseren Familienrat sagen, und dann haben wir alles erledigt. Wenn du irgend etwas hast, was du nicht magst, oder etwas, worüber du dich ärgerst, oder wenn Papi und Mami irgend was haben, worüber wir uns ärgern, oder wenn wir etwas wissen müssen und darüber sprechen möchten, merken wir uns das — du merkst es dir und vergißt es nicht, und das nächste Mal, wenn wir einen Familienrat abhalten, erzählst du mir davon. In Ordnung?
Lotti: Alle Tauben fliegen hoch!

Obwohl die Mutter es gut meint, war es ungeschickt zu sagen, »erzählst du *mir* davon«. Sie sprach weiter, ohne daß ihre Tochter noch zuhörte. Lotti versucht schon seit einigen Minuten, ihr Spiel anzufangen, und wahrscheinlich hat sie ihrer Mutter gegenüber längst abgeschaltet. Wertvoll aber ist die Haltung, die sich hier andeutet. Die Eltern beenden das Treffen, beteiligen sich an dem Spiel und zeigen Lotti, daß sie alle Spaß miteinander haben und gern zusammen sind.

Für Familien, in denen das älteste Kind noch ziemlich klein ist, gibt es eine ausgezeichnete Möglichkeit anzufangen. Bevor man das Kind einlädt, an dem ersten Familienratstreffen teilzunehmen, überlegt man sich eine Situation, zu der man das Kind um seine Meinung bittet, und stellt sich darauf ein, daß man diese Meinung ebenso wichtig nimmt wie die eigene.

Dafür kämen weniger gewichtige Entscheidungen in Frage, die jedoch die ganze Familie betreffen: Wohin man einen Wochenendausflug machen könnte, wer zu einem Kindergeburtstag eingeladen werden soll, oder wie man für ein erwartetes Baby das Zimmer einrichten kann. Weder das Kind noch ein Erwachsener kann uneingeschränkt entscheiden; es ist Gelegenheit für eine gemeinsame Diskussion gegeben, und die Ideen, die von einem kleinen Kind vorgebracht werden, können überraschend fruchtbar sein.

Bei sehr kleinen Kindern muß man besonders vorsichtig sein, daß man sie nicht unter den Tisch redet. Kleine wie auch ältere Kinder reagieren besser auf den Ton einer Stimme, der ihnen ein Gefühl der Achtung vermittelt, als auf einen Ton, der ausdrückt, daß die Eltern die Kleinheit der Kinder bestaunen und bewundern.

In einer anderen Familie waren die Kinder älter, als sich die Eltern entschlossen, es mit dem Familienrat zu versuchen. Der Vater meinte, daß für die beiden Söhne, Bert (17) und Philipp (9), eine eingehende Erklärung angebracht sei, und hielt einen Eröffnungsvortrag.

Vater: Dies ist unsere erste Familienratssitzung. Ich meine, wir sollten definieren, was ein Familienrat ist und wozu er dient. Der Familienrat, ihr könnt ihn nennen, wie ihr wollt, ist wie ein Verwaltungsrat oder so etwas Ähnliches in einer Firma. Die Firma muß Leute haben, die nach dem Rechten sehen und in regelmäßigen Sitzungen Bericht erstatten, damit sich die Geschäftsleitung orientieren und entscheiden kann, welcher Weg einzuschlagen ist, oder wie es überhaupt weitergehen soll, was erreicht ist, welche Ziele man sich setzt, und wie man vorgehen muß, um diese Ziele zu verwirklichen. Gut, dies könnte unser kleiner Verwaltungsrat sein. Wir haben sozusagen eine Gesellschaft, die Familie, und wenn wir irgend etwas durchführen wollen, müssen wir uns zusammensetzen und Ziele aufstellen und überlegen, wie wir vorgehen, um sie zu verwirklichen. Der Familienrat ist eine Technik, mit der wir das erreichen können. Ich setze voraus, daß wir in dieser Stunde zusammengekommen sind, um festzustellen, ob wir eine Art Verwaltungsrat einrichten und ihn für eine Verbesserung unseres Lebens und der Beziehungen in unserer Familie einsetzen können. Wir wollen auf jeden Fall dafür sorgen, daß wir über alles, was wir tun, Aufzeichnungen machen, damit wir nicht vergessen, wie wir uns bei verschiedenen Dingen entschieden haben, und es keine Unklarheiten darüber gibt, was wir tun wollen oder wie. Philipp hat sich bereiterklärt, Schriftführer zu sein. Es ist die Aufgabe des Schriftführers, das Protokoll zu führen und die Entscheidungen festzuhalten, die bei jeder Versammlung getroffen werden. Hat jemand noch Fragen über den Zweck des Familienrats oder so?

Hier haben wir ein anschauliches Beispiel eines überbesorgten Vaters, der so in seine Erklärungen vertieft ist, daß er den Fehler macht, zuviel zu reden und den anderen etwas aufzuschwatzen. Der Ton seiner Rede ist so herablassend, als ob nur er den anderen etwas erklären könnte. Er ist wahrscheinlich ein Vater, der sich viel Mühe gibt, seine Sache gut zu machen, aber er mißtraut der Fähigkeit der anderen Familienmitglieder, das, was er sagt, zu begreifen. Dies ist ein Beispiel, wie die besten Absichten, wenn sie zu weit ge-

trieben werden, nur zu mäßigen Ergebnissen führen, und es ist zugleich eine Warnung für andere Eltern, diese Falle zu vermeiden. Dieser Vater hat es dann gelernt, weniger pedantisch zu sein. Drei Jahre nach der ersten Familienratssitzung — der ältere Sohn ist inzwischen auf der Universität, und der jüngere ist schon längst kein Kind mehr — trifft sich die Familie immer noch regelmäßig zum Familienrat, und sie kann sich jetzt gemeinsam, in demokratischer Weise, mit ihren Problemen auseinandersetzen.
Jene erste Familienratssitzung wurde mit einer Diskussion darüber fortgesetzt, wer was tun würde.

Philipp: Gut, wenn von Papa und mir erwartet wird, daß wir Aufgaben übernehmen, wenn Papa der Leiter der Sitzung ist und ich der Schriftführer, was können dann die beiden anderen tun?

Diese Frage zeigt, daß das Konzept der gleichwertigen Beteiligung am Familienrat mißverstanden wird. Sie diskutierten dann in aller Breite über ein System, wie man sich in den beiden Ämtern turnusmäßig ablösen könnte, wobei Philipp aktiv an der Diskussion teilnahm. Schließlich faßte der Vater als Leiter der Sitzung zusammen:

Vater: Wir haben im Augenblick nur einen Leiter und einen Schriftführer. Das sind nicht unbedingt alle Ämter, die zu vergeben sein werden, aber im Moment haben wir nicht mehr. Schon morgen, vielleicht aber auch erst nächstes Jahr, ergibt sich vielleicht noch etwas anderes; für den Augenblick jedenfalls hat Bert vorgeschlagen, daß wir uns in diesen Ämtern jede Woche abwechseln.
Philipp: In Ordnung, will irgend jemand den Antrag unterstützen?
Vater: Gibt es dazu noch irgendeinen Kommentar?
Philipp: Will jemand den Antrag unterstützen?
Vater: Gibt es noch irgendwelche Kommentare dazu? Stimmen alle zu, daß jede Woche ein anderer diese Ämter übernimmt?
Mutter: Ich finde es gut.
Vater: Dann haben wir also jede Woche einen neuen Chairman und einen neuen Schriftführer.

Bert: Einen neuen Chairman und einen neuen Schriftführer nächste Woche?
Mutter: Ja, jede Woche wechseln.
Philipp: Du bist der Leiter der Sitzung.
Mutter: Warte einen Moment, wir regeln das durch Abstimmung.
Philipp: Ach.
Mutter: Sollen wir im Uhrzeigersinn wechseln oder gegen den Uhrzeiger?
Bert: Wir sollten hier ordnungsgemäß vorgehen.
Philipp: Aber es kann nicht freiwillig sein, denn wenn sich niemand meldet, stehen wir ohne Chairman da. Ich schreib' das ins Protokoll, damit wir wissen, was wir uns vorgenommen haben. In der nächsten Woche leitet Mutter die Sitzung, dann Bert, dann ich. Der Protokollführer bin ich, in der nächsten Woche Bert, dann Vater, dann Mutter.
Mutter: Warum wechseln wir uns nicht im Uhrzeigersinn ab, so, wie wir um den Tisch herum sitzen?
Bert: Wie wäre es damit: Das Amt des Leiters geht im Uhrzeigersinn reihum, das Amt des Schriftführers gegen den Uhrzeigersinn? Das funktioniert.

Nachdem die Familie sich über die Verteilung der Verantwortung im Familienrat geeinigt hatte, setzte sie die Diskussion mit Plänen für einen Sommerausflug fort, traf aber keine endgültigen Entscheidungen. Vor der Vertagung hielt der Vater noch einige lange Reden über zukünftige Familienratssitzungen, und es erfolgte eine Diskussion über Zeitpunkt und Dauer jeder Sitzung.

Vater: Da wir mit diesen Familienratssitzungen gerade anfangen, wissen wir noch nicht genau, wie wir sie durchführen sollen, wie wir antworten, wann der eine den anderen nicht unterbrechen darf, und wie wir zu einer schnellen, wirksamen Entscheidung gelangen können. Wir könnten Gefahr laufen, ein Thema zu zerreden, und es wäre vielleicht eine ganz gute Idee, die Sitzungen zumindest am

Anfang zeitlich zu begrenzen. Ich glaube, wir werden darüber mehr sagen können, wenn wir mit diesen Zusammenkünften besser vertraut sind. Wir werden dann eine bessere Vorstellung davon bekommen, wie sie verlaufen sollten, und die Dauer der Zusammenkünfte wird sich vielleicht von selber regeln. Wir werden uns wahrscheinlich jedesmal etwas Bestimmtes vornehmen und es gründlich diskutieren; wir werden dann zu einer Entscheidung kommen, und damit ist die Sache abgeschlossen. Meines Erachtens wird es am Anfang nicht leicht sein, ich glaube deshalb, daß wir eine zeitliche Begrenzung brauchen, wenigstens so für die ersten sechs Versammlungen.

Bert: Ich beantrage eine halbe Stunde.

Mutter: Wir sollten auch eine bestimmte Anfangszeit festsetzen. Ich meine, wenn wir irgend etwas anderes zu tun haben ...

Philipp: Nach dem Mittagessen.

Bert: Ja, nach dem Mittagessen. Sofort, wenn wir mit dem Essen fertig sind.

Mutter: Ja, aber was passiert zum Beispiel — in der nächsten Woche will ich nach der Kirche etwas bei der Jungschar mithelfen, was einige Zeit dauern wird. Ich muß dort die Küche saubermachen und alles mögliche andere, so daß es wohl halb eins werden wird, bis ich nach Hause komme.

Bert: Sonntags brauchen wir nicht so pünktlich zu sein.

Mutter: Aber wenn wir eine bestimmte Zeit für den Familienrat ausmachen, können wir uns darauf einstellen.

Philipp: Halb eins.

Bert: Nicht später als ein Uhr.

Mutter: Wir können früher anfangen, nicht wahr?

Vater: Nicht später als ein Uhr. Wir können aber auch früher anfangen. Wir werden uns für eine halbe Stunde treffen, bis halb zwei, klar?

Philipp: Okay.

Mutter: Bis nächste Woche ist alles geregelt, ja?

Vater: Schön, die Versammlung ist geschlossen.

DAS VORGEHEN PLANEN

Angenommen, Sie wollen jetzt mit einem Familienrat beginnen. Sie haben eine ungefähre Vorstellung von einem freimütigen Meinungsaustausch auf der Basis der Gleichwertigkeit, und die ganze Familie hat sich darüber verständigt, daß sie damit anfangen will, aber Sie fragen sich nun, ob es ein besonderes Verfahren gibt, nach dem man vorgehen kann. Es bieten sich viele Möglichkeiten an, und jede Familie muß die für sie passende herausfinden, sie sollte sich nur an die Grundprinzipien halten, die in den früheren Kapiteln beschrieben sind.

Wenn Sie über eine gewisse Erfahrung mit offiziellen Versammlungen verfügen, haben Sie eine ungefähre Vorstellung davon, wie man vorgehen kann. Sie können davon alles übernehmen, was Ihrer Meinung nach für Ihre Familie anwendbar ist. Einige Familien setzen nur zwei Tagesordnungspunkte fest: »Alte Probleme« und »Neue Probleme«, und sie stellen damit sicher, daß jedes Mitglied auch seine spontanen Einfälle einbringen kann.

Eine andere Art der Tagesordnung sieht so aus:

Aufgaben im Haushalt
Angelegenheiten, die inzwischen verbessert worden sind
Dinge, die verbessert werden müssen
Neue Probleme

Wie Sie auch vorgehen, das Wesentliche ist, daß Sie sich an die Grundprinzipien der Gleichwertigkeit und des verständnisvollen Zuhörens halten. Einen Familienrat jedoch völlig unstrukturiert ablaufen zu lassen, könnte zu einem Chaos führen. Ohne Leitung und ohne Plan wollen möglicherweise alle über alles reden, was ihnen gerade in den Sinn kommt, mit dem Ergebnis, daß keiner dem

anderen mehr zuhört. Wenn für die Versammlung eine Tagesordnung existiert, die den Familienmitgliedern bekannt ist, ist die Wahrscheinlichkeit, daß eine fruchtbare Diskussion zustande kommt, größer.
Wir halten es für ganz besonders wichtig, Abstimmungen zu vermeiden. Das Mehrheitsprinzip mag in einer Regierung effektiv sein, wenn sich jedoch in der Familie die Mehrheit durchsetzt, wird die Minderheit sicher Möglichkeiten finden, die Entscheidung zu boykottieren. Wenn sich aus der Diskussion eine Übereinstimmung aller nicht ergibt, verzichtet man am besten auf eine Abstimmung. In einem solchen Fall kann sich die Familie darauf einigen, die Entscheidung bis zur nächsten Familienratssitzung aufzuschieben oder das Thema ganz fallenzulassen.
Das Mehrheitsrecht birgt nämlich die Gefahr in sich, daß in Wirklichkeit die stärkeren Mitglieder der Familie — seien es Eltern oder Kinder — ihre Ansichten gegen die Wünsche der anderen durchsetzen. Dies führt zu Konkurrenzgefühlen und infolgedessen zu Ärger und Groll, anstatt zu Harmonie durch Kooperation.

Bei der Familie Goll enthält die Tagesordnung für den Familienrat folgende sechs Punkte:

Protokoll der letzten Sitzung.

Kassenbericht — Taschengeld und andere laufende finanzielle Angelegenheiten, die Eltern und Kinder betreffen: Ein- und Auszahlungen. Beschlüsse über andere finanzielle Dinge werden im späteren Verlauf der Sitzung gefaßt.

Terminplan für die kommende Woche: Persönliche Terminabsprachen, Hinbringen und Abholen, Babysitten und Essenszeiten.

Alte Probleme.

Neue Probleme.

Zukünftige Pläne, besonders für gemeinsame Vergnügungen.

Man kann den Familienrat auch formlos mit der Frage seitens des Vorsitzenden beginnen lassen: »Hat jemand etwas zur Sitzung der letzten Woche zu sagen?« Aus den Antworten auf diese Frage ergeben sich dann Themen, die während der laufenden Sitzung diskutiert werden können. Diese Themen sollten vom Protokollführer notiert werden, damit man sie später im Verlauf der Sitzung aufgreifen kann. Dann kann der Vorsitzende fragen: »Irgendwelche Kommentare zu den Beschlüssen der letzten Woche?« Antworten auf diese Frage zeigen der Familie, wie sich die Dinge entwickelt haben. Es ist möglich, daß sich frühere Entscheidungen als undurchführbar erwiesen haben. Es ist auch möglich, daß man zu einem Thema, das wegen zu gegensätzlicher Auffassungen in der letzten Woche nicht behandelt werden konnte, inzwischen so viel Distanz gewonnen hat, daß es jetzt angepackt werden kann. Diese beiden Fragen machen in etwa die Aufgaben des Familienratstreffens sichtbar.

Es ist nützlich, die parlamentarischen Regeln zu kennen. Vielleicht möchten Sie auch auf die folgenden vereinfachten Regeln zurückgreifen, um Auseinandersetzungen beizulegen, die sich an der Frage entzünden können, wie die Arbeit des Familienrats aussehen soll. Es ist immer günstiger, eine unparteiische Regel entscheiden zu lassen und damit einen Streit darüber zu vermeiden, wer es besser weiß.

Ordnungsgemäßes Verfahren
(Auf der Grundlage parlamentarischer Regeln)

I. Geschäftsordnung

Der Vorsitzende bittet die Versammlung um Aufmerksamkeit.

Der Schriftführer verliest das Protokoll der vorhergehenden Sitzung.

a. Es wird angenommen wie vorgelesen.
b. Es wird angenommen mit Ergänzungen und Korrekturen.
Bericht des Kassenwarts.
Der Vorsitzende oder andere Mitglieder bringen noch ungelöste Probleme vor.
Der Vorsitzende bringt neue Probleme vor.
Antrag auf Vertagung.

II. Pflichten des Vorsitzenden

Leiten Sie die Versammlung.
Bewahren Sie immer die Ruhe.
Reden Sie als Vorsitzender nicht mehr als nötig.
Führen Sie die Versammlung sachlich durch.
Seien Sie gegenüber allen Anwesenden höflich.
Erscheinen Sie immer ein paar Minuten vor Beginn der Versammlung.

III. Pflichten des Protokollführers

Notieren Sie buchstabengetreu, was von der Gruppe angesprochen wird.
Erstellen Sie einen sorgfältigen und genauen Bericht aller Angelegenheiten, die während der Versammlung besprochen worden sind, und notieren Sie die jeweiligen Beschlüsse, nicht nur das, was dazu gesagt worden ist.
Das Protokoll sollte enthalten:
a. Datum und Uhrzeit des Treffens
b. alle vorgebrachten Anträge und alle erzielten Beschlüsse.

IV. Verschiedene Arten von Anträgen

Beachten Sie: Wenn ein Antrag gestellt und unterstützt worden ist, sollte die Gruppe keinen anderen Punkt beraten, bevor dieser Antrag erledigt ist. Alle wichtigen Anträge sollten außer vom Antragsteller noch von einem anderen Mitglied unterstützt werden.

Zu den Anträgen:

Auf Änderung: Ändern, Zufügen oder Streichen von Wörtern des ursprünglichen Antrags.
Auf Wiedervorlage: Das Thema während der Diskussion in der Weise vertagen, daß es zu jedem beliebigen Zeitpunkt in der Zukunft wieder aufgegriffen werden kann.
Auf Vertagung: Der Punkt kann, wie bei einer Wiedervorlage, längere Zeit aufgeschoben werden.
Auf Wiederaufnahme: Etwas aufgreifen, was früher bereits behandelt worden ist, und es neu diskutieren.
Auf Erledigung eines Punktes: Eine Möglichkeit, die Debatte zu beenden, wenn sie sich in die Länge zieht; das Ersuchen an die Gruppe, zu einer Entscheidung zu kommen.
Auf Vertagung: Das formale Verfahren, eine Versammlung zu beenden; eine Person stellt den Antrag, die anderen erklären sich einverstanden.

Die Familie Hansen führt ein Protokollbuch, in dem die Mitglieder abwechselnd die Beschlüsse festhalten, die bei jeder Versammlung gefaßt wurden. Genauso wie das Amt des Vorsitzenden geht auch das Amt des Protokollführers reihum. Als einmal wegen einer früheren Entscheidung eine Meinungsverschiedenheit entstand, schlug man im Protokollbuch nach. Jörg (6 $^1/_2$) war Vorsitzender, die Mutter führte das Protokoll. Jörg hat noch zwei ältere Brüder: Karl (11) und Lutz (9).

Karl: Gut, ist damit das Thema abgeschlossen?
Mutter: Ich habe darauf hingewiesen, daß ich glaube, daß es nicht Vaters Sache ist, etwas zu ersetzen.
Lutz: Aber erinnerst du dich, als unser Taschengeld erhöht wurde, haben wir gesagt, daß wir uns davon die notwendigen Sachen kaufen sollten.

Vater: Kleidung und ähnliche Dinge?
Lutz: Klar.
Karl: Ich kauf' mir doch nicht von drei Mark pro Woche meine Klamotten!
Lutz: Du könntest zurückgreifen auf ...
Mutter: Das bezog sich nur auf Socken, und ich meine, wenn wir im Tagebuch nachsehen — es war auf den hinteren Seiten — hat keiner zugestimmt.
Lutz: Dann müßte unser Taschengeld gekürzt werden.
Mutter: Darum geht es ja gar nicht, entschuldige.
Jörg: Mami?
Mutter: Das ist nicht der Grund, warum das Taschengeld erhöht wurde. Wenn du im Tagebuch nachsiehst, Lutz, wirst du sehen, daß das Taschengeld erhöht wurde, weil es vorher schwierig für euch war, von dem Geld Schulsachen zu kaufen, Bleistifte und Farbstifte zu ersetzen, usw. ...
Lutz: Und Socken.
Mutter: Entschuldige, Jörg, du wendest dich besser an jemand anderen, ich will inzwischen nachsehen, ob ich es finden kann.
Karl: Jörg, kann ich mit einem neuen Thema kommen?
Mutter: Meinst du mich?
Jörg: Mutter, sind wir mit der Sache fertig?
Mutter: Ich sehe das gerade im Protokollbuch nach, ja?
Karl: Wir können später darauf zurückkommen, Jörg. Ich will ein neues Thema vorbringen.

Nach einer langen Diskussion über die Privatsphäre eines jeden einzelnen und darüber, ob Karl in das Zimmer von Jörg und Lutz kommen dürfe, fand die Mutter die Stelle über das Taschengeld im Protokollbuch.

Vater: Ich meine, wir haben lange genug über die Zimmer gesprochen, und wir haben immer noch keine Lösung. Mutter hat die Stelle über das Taschengeld gefunden, dann wollen wir sie doch auch hören.

Beachten Sie, daß der sechseinhalbjährige Jörg Leiter der Versammlung ist, der Vater aber meint, die Verantwortung übernehmen zu müssen. Die Mutter ist die Protokollführerin, aber in diesem Augenblick sieht es so aus, als ob beide Eltern die Sitzung einfach in die Hand nähmen. Dies ist einer der häufigsten Fehler, die Eltern machen können, und oft auch der Grund dafür, daß Kinder das Interesse am Familienrat verlieren.

Mutter: Also, das war am 31. März, als euer Taschengeld erhöht wurde. Ich sagte damals, daß ich gern wüßte, wie ihr über eine Erhöhung des Taschengeldes denkt, und ob das bedeuten würde, daß die Kinder für ihre Schulsachen, ihre Socken usw. jetzt selbst sorgen müßten. Vater stimmte der Erhöhung des Taschengeldes zu: Karl sollte 3 Mark, Lutz 2 Mark und Jörg 1 Mark bekommen. Wir haben lange darüber diskutiert — es steht alles hier —, und niemand war der Meinung, daß davon auch Socken gekauft werden sollten. Aber wir waren uns auch einig darüber, daß die Eltern Kleidungsstücke, einschließlich Socken, die durch Schlampigkeit verlorengegangen sind, nicht ersetzen müssen. Vater ist für die Bezahlung der Sachen verantwortlich, aber wenn ihr Kinder schlampig seid, dann braucht er dafür nicht aufzukommen.

Die Familie Hansen führt sehr ausführliche Protokolle, aber man kann das auch ganz einfach machen. Wenn ein Protokollbuch geführt wird, müssen lediglich die wesentlichen Entscheidungen sowie das Datum festgehalten werden. Wichtig ist, daß es sich um einen unparteiischen Bericht handelt, auf den man im Falle eines Streites zurückgreifen kann. Nur so ist es möglich, Streitigkeiten gar nicht erst aufkommen zu lassen, so daß jeder sich sachlich mit den gegenwärtigen Aufgaben beschäftigen kann.
Was tut man, wenn zum Zeitpunkt der Familienratssitzung keine Probleme anstehen? Das kann vorkommen, es ist jedoch ratsam, die Sitzung trotzdem in jedem Fall zur festgesetzten Zeit abzuhalten. Wenn die Familie versammelt ist, erinnert sich vielleicht irgend jemand ganz spontan an etwas, was er vorbringen wollte. Oder es

kann eine Idee auftauchen, für die sich alle interessieren. Besonders wenn die Kinder älter werden, stellt die Familienratssitzung vielleicht das einzige regelmäßige Beisammensein in der Woche dar. Man kann nicht nur dasitzen und sich gegenseitig ansehen. Wenn es einer Familie zur Gewohnheit wird, sich an eine Tagesordnung zu halten, die Termine für die Woche durchzugehen und die Durchführung der übernommenen Arbeiten zu überprüfen, wird es immer einiges geben, worüber man diskutieren kann.

Wenn man neue Pläne macht, plant man klugerweise erst mal nur für eine Woche. Am Ende der Erprobungszeit kann jeder sagen, wie sich der Plan bewährt hat, und man kann gemeinsam entscheiden, ob man ihn beibehalten oder einen anderen Weg versuchen will.

Die Familie, um die es sich im folgenden Protokoll handelt, hatte darüber diskutiert, ob sie einen gemeinsamen Ausflug zu einem Fußballspiel machen sollte oder nicht. Die Kosten für jede Person sollten DM 18,— betragen, und man versuchte sich darüber einig zu werden, ob der Ausflug und die Stadionplätze so viel Geld wert wären. Es gab viele Gründe dafür und genauso viele dagegen, und so machte die Mutter, noch bevor Spannungen aufkommen konnten, folgenden Vorschlag:

Mutter: Was haltet ihr davon, die Entscheidung bis zur nächsten Woche aufzuschieben? Wir können in der Zwischenzeit miteinander darüber sprechen und uns dann bei der nächsten Familienratssitzung entschließen. Ist das noch früh genug? Es wäre dann erst der 11.

Vater: Wir können die Karten bis zum 15. abholen.

So wurde eine Streiterei vermieden, und jeder hatte die Möglichkeit, über das Unternehmen nachzudenken, bevor die endgültige Entscheidung getroffen wurde. Der Aufschub beeinträchtigte die Chancen, eine Lösung zu finden, keineswegs. Andererseits bestand die Möglichkeit, daß die ganze Geschichte eine Woche später nicht mehr so attraktiv wäre und man sie fallenlassen würde. Das Wich-

tigste war, daß niemand von den anderen überfahren werden konnte und einen Plan annahm, nach dem ihm nicht zumute war.
In einer anderen Familie äußerte die Mutter ihren Ärger über den Schmutz im Bereich der Haustür.

Mutter: Wir haben keinen Eingangsflur, und wenn ihr mit nassen oder schmutzigen Schuhen durch die Haustür reinkommt, macht ihr den weißen Fußboden dreckig. Wenn ihr durch den Hintereingang gehen würdet, bliebe der Schmutz im Küchenflur, und der Eingang wäre immer in Ordnung.
Dieter: Aber die anderen Leute kommen durch die Eingangstür rein. Vielleicht haben sie auch Dreck an den Schuhen. Würdest du zu ihnen auch sagen: »Gehen Sie ums Haus herum zur Hintertür?«
Gudula: Und das gleiche gilt für dich oder Papi.
Mutter: Meinst du, auch Gäste?
Gudula: Genau, und die haben vielleicht dreckigere Schuhe als wir.
Dieter: Klar, sie könnten zufällig von oben bis unten dreckig sein.
Vater: Wir könnten das Problem teilweise lösen, wenn wir da einen Türvorleger hinlegen würden, an dem wir unsere Schuhe abstreifen könnten.
Dieter: Bis sie sauber sind.
Gudula: Ich meine, wir könnten unsere Schuhe ausziehen.
Mutter: In Ordnung, ich will euch was sagen. Ich bin bereit, das eine Woche lang zu probieren, und wenn es dann immer noch ein Problem ist, können wir nächste Woche noch mal darüber sprechen. Ist euch das recht so?

Als die Mutter mit ihren Wünschen bei der Familie auf Widerstand stieß, merkte sie, daß das, was ihr so besonders wichtig war, den Interessen der übrigen Mitglieder zuwiderlief. Anstatt auf ihrem Vorschlag zu bestehen, war sie bereit, das Thema für eine Woche zurückzustellen und es dann wieder aufzugreifen. Sie hat nicht gesagt, was sie tun will, aber in der Zwischenzeit wird jedes Familienmitglied an ihre Bitte denken. Wenn das Thema das nächste Mal angeschnitten wird, kann dann jeder aus einer gewissen Erfahrung darüber sprechen. Man braucht nicht darüber zu streiten, ob die Mutter recht hat und ob sie ihren Willen haben soll. Sie hat ihren Wunsch geäußert, das Thema ist ernst genommen worden und wird weiter mit Respekt behandelt werden.

Es gibt nur sehr wenige Entscheidungen, die nicht eine Woche lang aufgeschoben und entsprechend wenige Lösungen, die nicht zumindest eine Woche lang erprobt werden könnten. Wenn man bereit ist auszuprobieren, wie sich eine solche Lösung bewährt, dann werden alle die Augen offenhalten und darauf achten. Steht das Thema dann wieder zur Diskussion, kann jeder etwas darüber sagen.

Die Kinder bitten vielleicht darum, an die Durchführung ihrer Aufgaben im Haushalt erinnert zu werden. Die Eltern wollen aber keine Polizisten sein, weil sie spüren, daß die Kinder die Verantwortung dafür selbst übernehmen sollten. Sie vergessen ja auch nicht, was für ihre eigenen Interessen wichtig ist.

Anstatt es rundweg abzulehnen, die Kinder an die Erledigung ihrer Haushaltspflichten zu erinnern, war dieser Vater dazu bereit. Die Mutter war entschieden anderer Meinung:

Vater: Na ja, sie wollen ja nicht ständig daran erinnert werden, nur dann und wann; warum probierst du es nicht hin und wieder einmal, dann werden wir schon sehen, wie es läuft.

Mutter: Gut, was geschieht in der Zwischenzeit?

Vater: Wir können es nächste Woche diskutieren, wenn es nicht funktioniert.

Der Vater merkt nicht, daß er mit seinem Eingreifen der Mutter etwas auflädt, wogegen sie sich wehrt. Der Mutter widerstrebt es mit Recht, die Kinder an die Aufgaben zu erinnern, die sie übernommen haben. Sie braucht diese Belastung nicht auf sich zu nehmen, aber der Vater meint, sie solle auf die Bitte der Kinder eingehen. In der nächsten Woche kann die Mutter im Familienrat berichten, wie oft es nötig war, die Kinder zu erinnern. So kann sie ihrem Argument Nachdruck verleihen, daß die Verantwortung ihr verblieben ist, anstatt auf die Kinder überzugehen, wo sie eigentlich hingehört.

Was bei diesem Gespräch fehlt, ist die Teilnahme der Kinder. Der Dialog zwischen Vater und Mutter zeigt beide nach wie vor in ihrer Elternrolle und zieht gar nicht die Möglichkeit in Betracht, daß die Kinder ihre Ansicht ändern können. Statt einer Diskussion, an der alle Mitglieder der Familie teilnehmen, gibt es nur eine Meinungsverschiedenheit zwischen den Eltern. Mit der Übereinkunft, das Thema in der nächsten Woche wieder vorzubringen, haben sie jedoch einen Streit über ihre unterschiedlichen Meinungen vermieden und eine vernünftige Behandlung bei der Wiederaufnahme des Themas ermöglicht.

Manchmal kann dasselbe Thema wochenlang immer wieder zur Sprache kommen. Das macht nichts aus, solange man sich um verschiedene Lösungsmöglichkeiten bemüht. Jeder wird jedesmal etwas dabei lernen, ohne wegen gegensätzlicher Standpunkte in Konflikte zu geraten. Wenn es keine Autorität gibt, die die Entscheidungen fällt, fühlt jedes Familienmitglied, daß auch seine Ansicht der Diskussion wert ist. Jeder fühlt sich respektiert und achtet dementsprechend auch die Meinung der anderen.

Jeder sieht das Familienleben aus seiner eigenen Perspektive, und wahrscheinlich hat jeder seine eigene Meinung über die Dinge. Manchmal bekämpfen sich zwei oder mehr Leute gegenseitig, mit dem einzigen Ziel zu gewinnen. Wenn die Entscheidung jedoch aufgeschoben wird, verliert keiner, sondern es gewinnen alle, mit dem Endergebnis, daß schließlich eine Entscheidung getroffen wird, die jeder akzeptieren kann. Jeder hat die Freiheit, von seiner ursprünglichen Position abzurücken und eine Einigung mit den anderen zu suchen.

Der folgende Auszug ist die wörtliche Niederschrift einer Familienratssitzung der Familie Clausen. Sie besteht aus den beiden Eltern und zwei Söhnen: Michael (10) und Erich (7). Die Eltern beschäftigen sich seit drei Jahren mit den Prinzipien von Dreikurs und praktizieren den Familienrat seit zwei Jahren. Hier führen sie ihre Diskussion darüber fort, wie sie Lösungen für ein Familienproblem finden könnten.

Erich: Ich möchte etwas vorbringen, was du schon einmal angeschnitten hast.
Michael: Was meinst du?
Erich: Im Wohnzimmer liegen gelassen zu werden.
Michael: Das ist wirklich eine schwierige Sache. Wenn wir jetzt alle sagen würden ...
Vater: Sollen wir das Problem klären?
Michael: Erich will nachts nicht im Wohnzimmer liegen gelassen werden.
Mutter: Du auch nicht, Michael.
Vater: Ihr meint, wenn ihr Jungens auf dem Fußboden einschlaft oder auf dem Sofa und Mutter und ich zu Bett gehen und euch da liegen lassen, das mögt ihr nicht?
Michael: Genau.
Mutter: Habt ihr einen Vorschlag?
Michael: Wenn du dir nur sagen würdest, wenn Papa sich nur sagen würde: »Gut, ich werde Erich wenigstens einmal aufwecken, bevor ich zu Bett gehe ...«
Vater: Das ist eine Möglichkeit.
Mutter: Können wir das als einen Lösungsvorschlag notieren?
Michael: In Ordnung.
Mutter: Aufwecken ...
Michael: Vor dem Schlafengehen Erich einmal aufwecken.
Mutter: Gut, jeden einmal aufwecken. Habt ihr noch andere Ideen? Erich, hast du Vorschläge?
Erich: Wir hätten das Problem gar nicht, wenn wir eine bestimmte Zubettgehzeit hätten und uns daran halten würden.
Mutter: Das stimmt. Ich schreibe auf: »Schlafenszeit festsetzen.«
Erich: Außer es ist Freitag oder Samstag. Vor einem freien Tag könnte die Schlafenszeit neun Uhr sein.
Mutter: Also das ist eine andere Möglichkeit. Wir können sie alle später besprechen.
Michael: Gut.
Mutter: Andere Vorschläge?

Michael: Noch andere Themen?
Mutter: Wir sind mit diesem noch nicht zu Ende.
Michael: Gibt es noch mehr Lösungen?
Vater: Wie wäre es, wenn wir uns einigen würden, daß keine Dekken oder Kissen benutzt werden dürfen.
Michael: Nein, das ist keine gute Lösung.
Mutter: Wir können das später immer noch ausstreichen.
Michael: Nein, aber sieh mal ...
Vater: Ich sag' das aus dem Grund, weil ihr es euch einfach zu gemütlich macht, und dann schlaft ihr ein.
Michael: Aber ich habe doch vorhin schon eine Regel aufgestellt.
Mutter: Das ist noch keine Regel, es handelt sich bisher nur um Vorschläge.
Michael: Aber wenn du dir sagst: »Ich werde ihn einmal aufwekken«, brauchst du das nicht aufzuschreiben oder so was. Du sagst das nur zu dir selbst.
Mutter: Aber es geht jetzt nicht allein um deinen Vorschlag. Du verstehst nicht, worum es geht.
Michael: Ich verstehe schon, aber ich möchte nicht, daß die Versammlung so lange dauert. Ich hab' den Vorschlag gemacht, um die Geschichte abzukürzen, damit wir mehr Zeit für etwas anderes haben. Wenn es jetzt heißt: »Keine Decken oder Kissen«, geht das noch eine halbe Stunde so weiter.

Obwohl die anderen systematisch auf eine Lösung des Problems hinarbeiten, meint Michael, der gewohnt ist, seinen Willen zu bekommen, daß er die perfekte Lösung hat, und er möchte, daß jeder ihm zustimmt. Die Eltern versuchen es ihm mit einiger Geduld zu erklären.

Mutter: Wir schreiben jetzt erst mal alles auf und lehnen es ab oder nehmen es an, je nachdem, welche Lösung wir für die beste halten.
Michael: Lehnt es ab!
Erich: Ich bleibe nicht länger hier.
Vater: Wartet, bis wir alle möglichen Lösungen beisammen haben,

und dann werden wir sehen, welche davon ihr eine Woche lang probieren möchtet.

Die Meinungsverschiedenheit darüber, welche Lösung für alle akzeptabel sein könnte, bleibt bestehen.

Michael: Laßt mich die Liste mit den Möglichkeiten vorlesen. »Einmal aufwecken.« Wer denkt, daß das gut ist . . .
Mutter: Was sind die anderen Möglichkeiten?
Michael: »Eine bestimmte Schlafenszeit festsetzen. Keine Decken oder Kissen erlaubt.«
Mutter: Ich würde das gern ausstreichen.
Michael: Also gut, Nr. 3 ist gestrichen.
Vater: Wieso? Wir haben noch nicht alle zugestimmt. Mutter möchte das ausstreichen. Kann sein, ich möchte das nicht.
Erich: Ich stimme zu.
Michael: Gut, ich möchte das streichen.
Erich: Was ist Nr. 3? Keine Decken?
Michael: Keine Decken.
Erich: Ich streiche das aus.
Mutter: Ich glaube nicht, daß die Decken das Problem sind.
Vater: Aber sicher. Sie haben es zu bequem. Wenn sie auf einem harten Stuhl sitzen müßten, würden sie nicht einschlafen.
Michael: Nein.
Vater: In Ordnung. Du kannst es streichen.
Michael: Gut. Die anderen Vorschläge sind: »Einmal aufwecken« und »Eine bestimmte Schlafenszeit festsetzen.«
Erich: Das will ich nicht streichen.
Mutter: Vielleicht kann man die beiden letzten Vorschläge miteinander verbinden.
Erich: Wie?
Michael: Wir setzen eine bestimmte Zeit zum Zubettgehen fest, so etwa neun oder halb zehn, und wenn einer einschläft, wird er zu dieser Zeit eben einmal geweckt, und wenn er dann nicht aufsteht, bleibt er hier liegen.

Mutter: Was meint ihr dazu?
Michael: Das ist gut.
Erich: Ist gut.
Vater: Mir gefällt das nicht.
Michael: Warum nicht?
Mutter: Hast du einen anderen Vorschlag?
Vater: Ich bin nur für den Vorschlag, eine Schlafenszeit festzusetzen; die Jungen sind alt genug, um zu wissen, wenn es halb neun oder neun Uhr ist, und dann zu Bett zu gehen.
Mutter: Die Sache hat aber noch einen Haken. Wir haben ja schon eine Zubettgehzeit. Das Problem ist, daß sie sich nicht daran halten, weil sie hier unten einschlafen.
Michael: Weil Ferien sind.
Mutter: Letzte Woche waren keine Ferien, und die Zeit zum Zubettgehen während der Schulzeit ist halb neun, und um halb neun wart ihr schon auf dem Fußboden im Wohnzimmer eingeschlafen.
Vater: Ich will mich nicht in eine Lage bringen lassen, in der ich mir vorkomme wie ein ...
Erich: Polizist.
Vater: Ja eben, rumzulaufen und zu sagen: »Schlafenszeit.«
Mutter: Meinst du, das würde passieren, wenn wir Nr. 2 annähmen?
Vater: Ich habe keine Lust, das zu akzeptieren.
Michael: Gut, dann ist Nr. 1 besser. »Einmal aufwecken.«
Vater: Das will ich eben nicht. Das sag' ich doch die ganze Zeit!
Mutter: Wie ist es mit dir?
Michael: Ich finde das gut.
Vater: Aber ich mach' das nicht.
Mutter: Wär' das so schlimm, wenn wir eine von ihren Lösungen akzeptieren würden? Was meinst du?
Vater: Ich habe es euch ja gesagt.
Michael: Das wäre aber toll!
Erich: Unsere Lösung würde besser funktionieren, weil wir sie gut finden.

Vater: Ich habe euch gesagt, ich habe keine Lust, der Richter und der Boß zu sein. Ich will nicht rumgehen und sagen: »Schlafenszeit, Schlafenszeit.«
Michael: Das brauchst du nicht.
Vater: Ihr bringt mich in eine Lage, in der ich mich um Dinge kümmern soll, für die ihr verantwortlich seid.
Michael: Wie steht es denn damit, jeden einmal aufzuwecken?
Mutter: Wir könnten das ein bißchen verändern.
Vater: Wie?
Mutter: Anstatt zu ihrer Schlafenszeit ...
Vater: Das Problem ist, daß die Jungen auf dem Fußboden einschlafen ...
Mutter: Und sie mögen es nicht ...
Vater: Und sie mögen es nicht, daß man sie weiterschlafen läßt, denn dann müssen sie später aufstehen und selbst sehen, wie sie ins Bett kommen, wenn sie aufwachen.
Michael: Und es ist hart, und es ist kalt.
Vater: Eben, das ist die natürliche Folge dieser Situation.
Mutter: Da bin ich deiner Meinung.
Vater: Und ich bin nicht gewillt, mich hier einzumischen. Ich bin nicht gewillt zu sagen: »Es ist Zeit, ins Bett zu gehen, Erich.« Deshalb meine ich, wir sollten darauf verzichten, das Problem in dieser Woche zu lösen, und es erst mal so laufen lassen.

Bei der Familienratssitzung in der folgenden Woche wurde das Problem der Schlafenszeit und des Einschlafens auf dem Fußboden als erstes wieder aufgegriffen:

Erich: Gestern abend haben mich wieder alle auf der Couch liegen gelassen. Ich will das nicht!
Vater: Fangen wir doch da wieder an, wo wir letzte Woche aufgehört haben. Wir hatten drei oder vier Probleme, die wir nicht lösen konnten. Das erste war, daß die Jungen es nicht leiden können, wenn sie auf dem Fußboden liegen bleiben. Wenn jetzt Michael die Liste vorlesen könnte, es gab vier Vorschläge.

Michael: »Mama und Papa wecken uns einmal auf; eine bestimmte Schlafenszeit festsetzen; keine Decken und Kissen erlaubt; wer im Wohnzimmer einschläft, muß allein zu Bett gehen.« Was war das mit dem vierten Vorschlag hier?
Mutter: Das war Vaters Vorschlag.
Vater: Können wir jetzt die Vorschläge einzeln diskutieren und uns entscheiden, welchen wir probieren wollen?
Michael: Nein.
Mutter: Oder willst du einige andere hinzufügen, wenn wir uns auf keinen von diesen Vorschlägen einigen können? Zuerst könnten wir Nr. 2 ausstreichen, denn ihr habt wieder Schule, und damit entfällt das Problem.
Michael: Dann ist unser Problem gelöst. Halb neun ist Schlafenszeit. Das ist erledigt. Wir brauchen also darüber nicht mehr zu reden.
Vater: Aber ich will nicht ...
Michael: Ich werde von jetzt an um halb neun ins Bett gehen.
Vater: Aber dein Vater will dir auch in Zukunft nicht sagen, wann es Zeit ist, ins Bett zu gehen.
Michael: Ich weiß.
Vater: Du weißt, um halb neun.
Michael: Na klar.
Vater: Erich, weißt du, wann es halb neun ist?
Erich: Wenn ein Zeiger auf der Acht steht und der andere auf der Sechs.
Vater: Und du weißt, was du zu tun hast, wenn es halb neun ist?
Erich: Ins Bett gehen.
Mutter: Gut. Das nächste Problem.
Vater: Sind wir uns alle einig, daß wir das so machen wollen?
Erich: Aber sonntags ...
Vater: Samstagabend könnt ihr aufbleiben. Aber auch dann sagt euch niemand, wann ihr ins Bett gehen sollt.
Mutter: Wenn ihr auf dem Fußboden einschlaft, müßt ihr natürlich selbst sehen, wie ihr ins Bett kommt.

Erich: In Ordnung.
Mutter: Es ist nicht unsere Sache, da hinterher zu sein, daß ihr aufgeweckt werdet, um ins Bett zu gehen. Ihr müßt selbst zurechtkommen. Das ist eure Angelegenheit.
Michael: In Ordnung.
Mutter: Das war's. Dann ist unser Problem gelöst.

Was ein Anlaß ständiger Verärgerung in der Familie war und was bei einer Familienratssitzung nicht geklärt werden konnte, erledigte sich nach einer Woche Aufschub reibungslos. Man hatte nichts versäumt, außer der Möglichkeit zu streiten. Das Problem wurde nicht emotional aufgeladen, und nach einer Woche hatten sich die Gemüter abgekühlt. Schließlich kam man in einer sachlichen Diskussion zu einem Ergebnis.

KONFLIKTE BEWÄLTIGEN

Das Verfahren, das wir vorschlagen, hat nicht das Ziel, Konflikte zu vermeiden, sondern, sie zu lösen. Konflikte wird es immer geben, denn jeder Mensch sieht die Probleme zuerst einmal nur aus seiner eigenen Perspektive. In der autokratischen Gesellschaft traf der Mächtigste die Entscheidung, und die anderen hatten sie zu akzeptieren.

In der Familie war es der Vater, der den anderen sagte, was sie zu tun hatten. Wenn sie sich widersetzten, war eine strenge, schnelle Bestrafung die Folge. Der »Mächtige« mußte den »Schwachen« zeigen, daß er wirklich der Herr war — er mußte die anderen niederhalten.

Die sich über die ganze Welt ausbreitende demokratische Revolution hat jedoch einen Wandel in den menschlichen Beziehungen hervorgerufen. Das Kind, das bestraft wird, kommt zu dem Ergebnis: »Wenn du das Recht hast, mich zu bestrafen, kann ich dich auch bestrafen«, und das tut es dann eben. Durch Beobachten und Zuhören findet das Kind genau das heraus, was für seine Eltern unerträglich ist, und das tut es dann. Dieser latente Kriegszustand liegt den meisten Familienkonflikten zugrunde.

Eltern, die ihre Kinder als Feinde betrachten, halten sie unten, halten sie abhängig, halten sie weitgehend unselbständig. Kinder, die in ihren Eltern Feinde sehen, verwenden eine Menge Energie und Intelligenz darauf, sie zu überlisten. Beide Generationen berauben sich der Chance, harmonisch zusammenzuleben und ihre Kraft für Ideen und Aktivitäten einzusetzen, die ihnen mehr Freude bringen.

Solange es Konflikte gibt, kann jeder lernen, sie zu lösen — er soll sie weder vermeiden, noch sich in einen Kampf einlassen, sondern zu einer Übereinkunft mit den anderen gelangen. Eine solche

Übereinkunft ist erreicht, wenn jeder das Gefühl hat, daß die Entscheidung ihm irgend etwas gebracht hat. Für einen Kompromiß dagegen gibt jeder etwas auf, und infolgedessen hat jeder das Gefühl, verloren zu haben.

Vier Maßnahmen sind nötig, um einen Konflikt in demokratischer Weise lösen zu können:

Entwickeln Sie Achtung füreinander.
Arbeiten Sie den Streitpunkt möglichst genau heraus.
Suchen Sie nach Bereichen der Übereinstimmung.
Teilen Sie die Verantwortung.

Entwickeln Sie Achtung füreinander

In der Familie — wie in jeder anderen Gruppe, sei es im Klassenzimmer, im Büro, in der Fabrik oder auf dem Feld — muß jeder den anderen als Mitmenschen respektieren. Es kann nicht bessere und schlechtere Menschen geben. Es gibt verschiedene Menschen mit verschiedenen Rollen innerhalb der Gruppe. Jeder hat das Recht, etwas beizutragen und seinen Beitrag mit Respekt behandelt zu sehen.

Durch die Herrschaft einer Person wird nichts anderes erreicht, als daß alle die Überzeugung gewinnen, sie hätten keine Chance. Der eine mag älter, der zweite erfahrener, der dritte gebildeter sein als die anderen, aber sie alle haben das gleiche Recht, gehört zu werden.

Im Familienrat läßt sich mit dem turnusmäßigen Wechsel der Ämter des Vorsitzenden und des Protokollführers die Gleichwertigkeit aller Familienmitglieder gut demonstrieren. Eine der Möglichkeiten, gegenseitige Achtung zu entwickeln, besteht darin, jedem zuzuhören, eine andere darin, die Ideen und Beiträge jedes Mitglieds zu akzeptieren. Wenn die Familie sich bemüht, eine demokratische Lebensform zu erreichen, werden auch die Kinder immer besser gedeihen, da sie sich respektiert fühlen, und sie werden ihrerseits für Eltern und Geschwister Achtung empfinden.

Arbeiten Sie den Streitpunkt möglichst genau heraus

Bei jedem Streit ist es nötig, den zugrundeliegenden Konflikt aufzudecken und klar herauszustellen. Das, worüber argumentiert wird, betrifft meist nicht das eigentliche Problem; Ursache des Streits sind die gestörten menschlichen Beziehungen.
Wenn Kinder sich Anforderungen der Eltern widersetzen, dann wehren sie sich nicht gegen die Anforderungen selbst, sondern gegen einen Herrschaftsanspruch. Wenn Geschwister um etwas kämpfen, das ihnen offensichtlich gar nicht wichtig ist, kämpfen sie in Wirklichkeit um die Aufmerksamkeit der Mutter. Sie kämpfen, um herauszufinden, wer der Favorit ist, wer stärker ist, oder wer die größte Aufregung hervorrufen kann.
Im Familienrat entscheidet jeder mit, auch wenn er sich dessen nicht bewußt ist. Wenn eine Übereinkunft nicht auf den Beiträgen jedes einzelnen beruht, ist es keine Übereinkunft. Kinder werden sich nicht an Entscheidungen gebunden fühlen, von denen sie meinen, sie hätten keinen Anteil daran gehabt. Sie werden Wege finden, sich nicht daran zu halten.

Das zugrundeliegende Problem wird im allgemeinen eines der folgenden sein:

Eine Bedrohung des persönlichen Status — »Warum sollte ich nachgeben?«
Eine Frage des Prestiges — »Was werden sie denken?«
Eine Frage der Überlegenheit — »Wenn ich nicht der Erste sein kann, will ich der Letzte sein.«
Das Recht zu entscheiden — »Warum sollte ich ihn für mich entscheiden lassen?«

Das Recht zu kontrollieren — »Wenn ich sie nicht kontrolliere, werden sie das nicht richtig machen.«

Das Recht der Beurteilung — »Wessen Vorschlag ist der beste?«

Die Idee der Vergeltung — »Das letzte Mal hat er mich besiegt.«

Der Wunsch nach Revanche — »Diesmal bin ich an der Reihe.«

Wenn Menschen miteinander streiten, herrscht paradoxerweise ein großes Maß an Kooperation. Sie spielen sich in die Hände, indem sie die Auseinandersetzung so in Gang halten, daß sie nicht durch die Niederlage eines Teilnehmers beendet wird. Nur wenn jedes Individuum den Kampf lange genug einstellen kann, um zu entscheiden, was es selbst tun will, ohne von irgendeinem anderen dasselbe zu verlangen, kann eine wirksame Übereinkunft erreicht werden.

Suchen Sie nach Bereichen der Übereinstimmung

Nachdem die Streitfrage klargestellt ist, muß jede Möglichkeit einer Übereinkunft untersucht werden. Unter dem Stichwort »Brainstorming« hat die Wirtschaft eine Form der Gruppenaktivität entwickelt, bei der jeder den anderen seine spontanen Einfälle an den Kopf wirft. Im Familienrat sucht man auf demokratische Art zu einer Übereinstimmung zu kommen, indem man jedes Mitglied ermutigt, Ideen zu äußern, unabhängig davon, wie weit hergeholt sie auch zu sein scheinen. Die gemeinsame Anstrengung mehrerer Personen führt zu einer Lösung des Konflikts.

Ein Protokollführer ist bei diesem Bemühen wichtiger als ein Unterhändler. Wenn alle Ideen aufgeschrieben werden, geht keine verloren; und aus dem Zusammenwirken aller Teilnehmer erwächst der gemeinsame Wunsch, jeden zufriedenzustellen.

Die Familie ist das Laboratorium, in dem wir die Möglichkeiten testen können, ein neues Gefühlsklima für die Menschheit zu schaffen. Was sich hier entscheidet, übersteigt unsere heutige Vorstellungskraft. Im Familienrat lernen Kinder so gut wie Eltern, wie sie mit einem Konflikt umgehen und wie sie ihn in demokratischer Weise lösen können.

Jeder von uns, der in einen Konflikt verwickelt ist, weiß bezeichnenderweise nur, was der andere falsch macht, und jeder will dem anderen erzählen, was er tun sollte, um die Sache in Ordnung zu bringen ... Aber der einzige Mensch, den man ändern kann, ist man selbst — wenn ich mich ändere, ist auch mein Gegenspieler genötigt, sich zu ändern. Nur wenn ich anfange, darüber nachzudenken, was ich tun kann, um mich zu ändern, kann ich auf andere Menschen einwirken.

Keine Situation ist so schlimm, daß es keine Alternative gäbe — eine bessere oder eine schlechtere Möglichkeit. Wir müssen zusammen solche Alternativen suchen, um den besseren Weg zu finden. Wenn die Eltern meinen, die Situation sei so schlecht, daß sie überhaupt nicht schlimmer werden könne, müssen sie sich klarmachen, daß das Leben ein fortlaufender Prozeß ist und Veränderungen durch nichts aufzuhalten sind.

Die Unterwerfung unter die Herrschaft einer Person ist der gefährlichste Weg, aus einer schwierigen Lage herauszukommen; den besten Weg wird man durch gemeinsame Anstrengung finden.

Teilen Sie die Verantwortung

So, wie alle an der Suche nach einer Übereinkunft beteiligt sein müssen, müssen auch alle an der Verantwortung für die erzielte Übereinkunft beteiligt werden. Die Führung muß demokratisch, sie darf nicht autokratisch sein.

Der Familienrat gibt den Rahmen ab, in dem die ganze Familie lernt, sich die Arbeit, die innerhalb der Familie anfällt, zu teilen. Im

Haushalt wie in der Schulklasse ist es nicht gut, wenn einer die ganze Arbeit macht. Weder die Mutter noch beide Eltern, noch der Lehrer, noch einfach die Erwachsenen sind für die Arbeit zuständig; alle müssen an der Verantwortung teilnehmen.

Das bedeutet, daß die Kinder wie die Erwachsenen die Freiheit haben, neue Ideen, neue Methoden, neue Bereiche des Lernens auszuprobieren. Kinder ringen ständig um etwas Neues, sind kreativ — die Erwachsenen, ob Eltern oder Lehrer, sollten es ihnen ersparen, rebellieren zu müssen, und sie statt dessen zum Mitmachen ermutigen.

VERANTWORTUNG TEILEN

In früheren Generationen lebten die Familien entsprechend der Tradition, die ihnen von ihren Eltern überliefert wurde. Jede Familie war, was Nahrung, Unterkunft und Kleidung betraf, abhängig von ihrer eigenen Arbeitsleistung, und es gab mehr Arbeit, als zwei Erwachsene bewältigen konnten. Alle Familien waren darauf angewiesen, daß jedes Kind seinen Teil an Arbeit übernahm, sobald es dazu fähig war. Es gab im Haus Männerarbeit, Frauenarbeit und Arbeiten für die Kinder.

In der heutigen Welt, in der sehr wenig von dem, was mit der Befriedigung der Grundbedürfnisse zusammenhängt, zu Hause produziert wird, sind die traditionellen Aufgabenbereiche verschwunden. Die Eltern denken gewöhnlich nur dann daran, daß ihre Kinder helfen könnten, wenn es Zeit ist, den Mülleimer rauszustellen oder den Hund auszuführen.

Gleichzeitig hat uns das technische Zeitalter Besitztümer und Maschinen in die Hand gegeben, von denen unsere Vorfahren noch nicht einmal träumen konnten, und alle diese Dinge erfordern eine sorgfältige Behandlung. Zu der Zeit, als die Kinder ein Bett miteinander teilten und nur ein paar Kleidungsstücke besaßen, brauchte die Mutter nicht herumzuschimpfen: »Mach dein Zimmer sauber!« Da gab es nicht viel sauberzumachen. Es gab auch nicht viel Spielzeug, das im Wohnbereich verstreut werden konnte, und sicher kein Fernsehen, das die Kinder hypnotisierte. Für ihre Erholung sorgten die Kinder mit ganz geringen Mitteln selber. Sie war nicht von den Eltern finanziert, arrangiert und geplant.

Wir können die Uhr nicht zurückstellen, und wir wüßten auch nicht, wie wir uns zu verhalten hätten, wenn wir es könnten. Aber wir können auch nicht leugnen, daß die Bedingungen, unter denen wir im letzten Drittel des 20. Jahrhunderts leben, ganz andere Arrangements erfordern.

Eine der Möglichkeiten, durch die Kinder die Erfahrung machen können, daß sie an den Aufgaben der Familie teilhaben, besteht darin, sie an der Verantwortung zu beteiligen. Das bedeutet nicht, daß Vater oder Mutter oder beide Eltern zusammen entscheiden, wer den Mülleimer rausbringen und wer das Geschirr spülen soll. Vielmehr sollte die Familie gemeinsam herausfinden, was getan werden muß, und dann gemeinsam entsprechend den Fähigkeiten und Interessen der einzelnen Familienmitglieder die Aufgaben zuordnen.

Wenn Eltern den Kindern Aufgaben zuweisen, ärgern sich die Kinder, besonders wenn bisher kaum etwas anderes von ihnen verlangt wurde, als zu existieren und Spaß zu haben. Sie empfinden es dann als Zwang. Wenn die Kinder jedoch begreifen, daß all dies zum Funktionieren der Familie notwendig ist, werden sie erkennen, wie wichtig und wertvoll ihr eigener Beitrag ist. Jede Familie unterscheidet sich von der anderen in ihren Lebensgewohnheiten, aber immer ist Arbeit zu leisten. Es ist nicht möglich, die einzelnen Verpflichtungen nach ihrer Bedeutung zu ordnen, und es ist auch nicht notwendig. Jedes Familienmitglied ist in der Lage, eine Aufgabe zu übernehmen, die es ohne Hilfe erledigen kann. Selbst das Jüngste kann seinen Wert erleben, indem es eine Arbeit tut, die für die ganze Familie unerläßlich ist.

Damit die Leser herausfinden können, was in ihrem eigenen Haushalt alles getan werden muß, haben wir aufgrund von Gesprächen mit vielen Familien die folgende Übersicht zusammengestellt:

Außerhalb des Hauses

Fegen	Veranda, Bürgersteig, Innenhof
Wegräumen	Schnee
Hereinbringen	Zeitung
Hinausbringen	Müll

Innerhalb des Hauses

Staubwischen	Möbel, Bücherregal, Klavier, Stereoanlage, Fernseher
Staubsaugen	Teppiche, Decken, Fußböden
Ausleeren	Aschenbecher, Papierkörbe, Mülleimer
Aufwischen	Fußböden
Scheuern	Spülbecken, Badewannen, Toiletten
Abwischen	Lichtschalter

Küche

Einkaufen und wegräumen
Essen vorbereiten und kochen
Tisch decken, abräumen, abwischen
Teller und Küchengeräte scheuern, spülen, waschen, trocknen
Geschirrspüler einräumen, ausräumen
Herd saubermachen
Kühlschrank reinigen

Waschen und Reinigen

Wäsche	Betten abziehen, neu beziehen, schmutzige Handtücher in die Wäsche geben, frische Handtücher hinlegen

Kleidung	einsammeln, Taschen ausleeren, nach Farben und Material sortieren, in die Waschmaschine stecken

Waschen, Trocknen, Bügeln, Zusammenlegen, Aufhängen, Sortieren, den Benutzern hinlegen

Nähen

Kleidungsstücke, Haushaltswäsche
Flicken, Stopfen, Knöpfe annähen

Spielzeug

In Ordnung halten, Wegräumen, Säubern, Reparieren, Einräumen

Haustiere

Futter	einkaufen, zubereiten, füttern, den Freßnapf säubern, frisches Wasser geben
Für Hygiene sorgen	ausführen: morgens, abends, Tiertoilette oder Käfig säubern
Für Bewegung sorgen	
Baden und bürsten	

Betreuung von Familienmitgliedern

Transport	Arzt, Zahnarzt, Schule, besondere Unterrichtsstunden, Sport, andere Aktivitäten
Geschwister	babysitten
Säugling	wickeln, Flasche geben, betreuen
Kleinkind	aufpassen, waschen, vorlesen, anziehen

Andere Verwandte	
alte oder kranke	Gesellschaft leisten, besuchen, vorlesen, Spiele machen, beim Spaziergang begleiten, Hilfe leisten

Finanzielle Angelegenheiten und Schreibarbeiten

Den Lebensunterhalt verdienen
Für einen ausgeglichenen Haushaltplan sorgen
Rechnungen bezahlen
Buchführung erledigen

Instandhaltung

Routinemäßige Arbeiten	Rasen schneiden, geschnittenes Gras zuzusammenharken, Blätter zusammenharken, Unkraut jäten, Bäume und Hecken schneiden
Spezielle Arbeiten	Bürgersteig fegen, Schnee schippen, Glühbirnen auswechseln, kleinere Reparaturen ausführen, Fenster putzen, anstreichen, tapezieren

Wagen

Waschen, Innenraum saugen,
Tanken und für Öl sorgen

Besorgungen

Wäsche zur Reinigung oder Wäscherei bringen,
Schuhreparaturen, andere Reparaturen, Drogerie, Bücherei,
Einkäufe aller Art

Diese Aufstellung kann als Ausgangsbasis dienen. Die Arbeiten sind nicht gleichartig oder von gleichem Wert für die Familie, aber jeder ist in der Lage, eine zu finden, die er erledigen kann. Man kann natürlich einiges hinzufügen und einiges weglassen.

Einige Aufgaben kann man noch weiter aufteilen. So ist es zum Beispiel in vielen Familien nicht Aufgabe einer einzigen Person, den Lebensunterhalt zu verdienen. Viele Mütter verdienen einen Teil des Lebensunterhalts und auch viele junge Erwachsene. Ihre Beiträge sind nicht gleich, aber sie müssen gleich geachtet werden. Entsprechend müssen auch solche Arbeiten geachtet werden, die keine fühlbaren Ergebnisse erbringen.

In der Familie Fabian gibt es fünf Kinder: Christian (fast 11), Juliane und Hanna (9 Jahre alte Zwillinge), Dietmar (8) und Klaus ($4^1/_2$). Christian hatte sich entschieden, an der Sitzung, der der folgende Ausschnitt entnommen ist, nicht teilzunehmen, so daß es sechs Teilnehmer gab. Sie begannen damit, die Aufgabenliste der Familie durchzusehen.

Vater: Welches Datum haben wir heute, Protokollführer?

Dietmar: 18. April.

Vater: Faßt du bitte noch einmal zusammen, worauf wir uns grade eben geeinigt haben?

Dietmar: Wir waren alle dafür, die Sitzung auf Band aufzunehmen.

Vater: Gut. Hat irgend jemand ein Thema, das er in dieser Sitzung vorbringen will?

Juliane: Die Jobs verteilen.

Dietmar: In Ordnung. Will jemand das Tischdecken übernehmen?

Hanna: Das mach' ich.

Dietmar: Gut. Spülen.

Juliane: Mach' ich.

Dietmar: Spülmaschine einräumen?

Hanna: Mach' ich.

Dietmar: Töpfe und Pfannen — nehm' ich. Fegen und Müll — Christian.

Mutter: Christian?
Dietmar: Klaus?
Mutter: Was ist noch übrig? Oh, den Kühlschrank und den Herd und die Spülmaschine sauberwischen. Kannst du das machen, Klaus? Bist du groß genug, um das hinzukriegen? Weißt du, wie man das macht? Wer würde Klaus gern zeigen, wie man das macht?

In ihrem Übereifer, ein kleines Kind zu ermutigen, eine wichtige Arbeit zu übernehmen, setzt die Mutter es herab. Sie zeigt Klaus gegenüber einen Mangel an Respekt, indem sie seine Fähigkeiten in Frage stellt. Es ist viel besser, ihn entscheiden zu lassen, ob das eine Aufgabe ist, mit der er fertigwerden kann; sie weiß ja, daß er es beim nächsten Familienratstreffen sagen kann, wenn sich die Arbeit für ihn als zu schwierig erweisen sollte. Seine Antwort zeigt, daß er darauf erpicht ist, die Arbeit zu übernehmen.

Klaus: Ich weiß schon, wie.
Mutter: Das ist großartig. Brauchst du jemand, der dir hilft?
Klaus: Nein.
Mutter: In Ordnung. Wirklich gut.
Dietmar: Papi?
Vater: Sind das alle Aufgaben?
Dietmar: Ja.
Vater: Liest du bitte die Arbeiten und die Namen noch einmal vor?
Dietmar: Ja. »Tisch decken: Hanna; Spülen: Juliane; Spülmaschine einräumen: Hanna; Töpfe und Pfannen: Dietmar; Fegen und Müll: Christian.«
Vater: Ich meine, wir haben noch nicht alle Aufgaben untergebracht.
Dietmar: »Kühlschrank und Herd: Klaus.«
Mutter: Wer räumt die Spülmaschine ein?
Dietmar: Hanna.
Hanna: Jemand sollte Klaus bei dem heißen Herd helfen.
Klaus: Nein, ich will das alleine machen. Ich kann das nur nicht im Herd drin.

Dietmar: Ich meine, es genügt von außen. Klaus, willst du noch was sagen?
Mutter: Klaus hat bisher seine Sache richtig gut gemacht. Es war das erste Mal, daß er es übernommen hatte, die Spülmaschine einzuräumen; das ist eine ganz schöne Arbeit, und ich meine, er hat wirklich gute Arbeit geleistet. Ich kenne keinen Vierjährigen, der das macht. Ich meine, mit einem Stuhl — wenn er sich auf einen Stuhl stellen würde, könnte er an den Kühlschrank ran. Meinst du, du könntest das, Klaus?
Klaus: Mit einem Stuhl, ja.
Dietmar: Das ist Klasse für jemand mit vier Jahren. Das ist prima.
Hanna: Aber Klaus müßte sich überlehnen, um ranzukommen.
Mutter: Warum lassen wir es ihn nicht versuchen?
Klaus: Mich überzulehnen?
Dietmar: Nein, den Job mit dem Abwischen. Du kannst das schon.

Die Fabians haben das Grundsätzliche verstanden: die Verantwortung aufzuteilen und den Jüngsten zu ermutigen, eine Arbeit zu übernehmen, der er sich gewachsen fühlt. Sicher hegt die Mutter einige Zweifel, denn sie spricht noch zu fürsorglich, aber der Vierjährige wächst durch das Vertrauen, das man in ihn setzt.
In der Familie Gärtner sind nur zwei Kinder: Gudula (8), die diese Sitzung leitet, und Dieter (6). Auch hier gibt es eine Aufgabenliste, aber man behandelt die Arbeiten als gesonderte Einheiten und weiß noch nicht, was es heißt, gemeinsam Verantwortung zu tragen.
Die Gärtners haben eine Aufgabenliste, die sich auf sehr wenige Routinearbeiten beschränkt. Einige Aufgaben liegen in der besonderen Verantwortung der Eltern, zum Beispiel die Wäschepflege, von der die Mutter meint, sie müsse sie selbst übernehmen.

Die Aufgaben, die sie untereinander teilen, sind:

den Müll rausbringen
die Wäsche erledigen
den Tisch decken

den Geschirrspüler einräumen
die Zeitung reinholen
die Lebensmittel wegräumen
die Pflanzen gießen

Das folgende Protokoll zeigt, wie sie die Aufgabenliste im Familienrat handhaben.

Vater: Dann wollen wir anfangen. Wer leitet die Sitzung?
Mutter: Gudula.
Vater: Gut, Gudula. Also los!

Schon mit diesen drei Äußerungen zeigen die Eltern, daß sie bestimmen. Der Vater bestimmt, daß jetzt begonnen werden soll. Obwohl Gudula anwesend ist, antwortet die Mutter, daß Gudula die Sitzung leite. So zeigen beide Eltern gleich zu Beginn der Versammlung, daß sie ihre Kinder zu wenig respektieren, und ihre unbewußte Absicht, die Kontrolle nicht aus der Hand zu geben.

Gudula: Wer will den Müll übernehmen?
Dieter: Papi, du machst das gut.
Vater: Ich mache das gut? Ich habe es phantastisch gemacht!
Mutter: Ich möchte den Müll übernehmen.
Gudula: Wer will die Wäsche übernehmen?
Mutter: Ich meine, wir sollten ...
Dieter: Ich nehme die Wäsche.
Mutter: Warte einen Moment. Ich möchte etwas dazu sagen. Ich glaube nicht, daß die Wäsche auf die Aufgabenliste gehört. Ich erledige das nämlich zu den unmöglichsten Zeiten und so nebenher.

Es ist offensichtlich, daß die Mutter die Aufgabenliste für eine Formalität hält. Sie gibt nur kleinere Aufgaben ab. Sie hat noch nicht gemerkt, daß sie die Verantwortlichkeit der Kinder herabsetzt, wenn sie sich in dieser Weise äußert.

Gudula: Weißt du, sie macht das, wenn gerade niemand da ist.
Mutter: Mit der Wäsche wird man nie fertig, deshalb sollten wir das

rauslassen. Ich finde es nicht gut, solche Aufgaben auf die Liste zu setzen.

Die Mutter hat die Gelegenheit verpaßt, die ganze Familie über die Gründe diskutieren zu lassen, warum man mit der Wäsche nie fertig wird. Sie hätte so gut wie die anderen durch Zuhören etwas lernen können.

Gudula: Du wolltest einen Antrag stellen.
Mutter: Ich stelle den Antrag, daß wir die Wäsche von der Aufgabenliste streichen.
Gudula: Wie viele sind dafür? Gut, Tisch decken.
Vater: Wer hatte das letzte Woche?
Gudula: Ich hatte das die vorletzte Woche.
Vater: Wer hatte das letzte Woche?
Gudula: Die vorvorletzte Woche hatte Mutter das.
Vater: Tischdecken. Für mich ist das irgendwie schwierig, denn wenn ich von der Arbeit nach Hause komme ...
Mutter: Das ist keine gute Arbeit für Vater.
Gudula: Ich weiß, aber es ist eine gute Arbeit für Mama. Ich hatte sie vorletzte Woche.
Dieter: Letzte Woche hatte ich sie.
Mutter: Also gut. Ich mache das nächste Woche.

Wenn die Frage der Aufgaben auf diese Weise behandelt wird und einige nicht vom Vater, andere nicht von den Kindern erledigt werden sollen, verliert die Familie das Konzept aus dem Blick, daß die Verantwortung geteilt werden muß. Die Eltern geben nur vor, sich mit wichtigen Problemen zu befassen, in Wirklichkeit haben sie nur pro forma eine Liste von ausgewählten Aufgaben zusammengestellt, über die sie bereit sind zu sprechen.
Ihr falsches Konzept wird durch ihre Diskussion über den »Lebensmitteljob« illustriert:

Gudula: Was ist mit den Lebensmitteln?
Mutter: Ich will diese Aufgabe nicht.

Dieter: Papi? Gudula, das ist deine Sache.
Gudula: Nein, ist es nicht. Ich habe schon zwei Aufgaben. Mami hat auch zwei.
Dieter: Na, hör mal, ich will die Lebensmittel nicht schon wieder.
Vater: Du kannst zwei Aufgaben übernehmen. Meinst du nicht, du kannst eine doppelte Aufgabe erfüllen?
Mutter: Also gut, willst du vielleicht den Tisch decken?
Dieter: Willst du dann die Lebensmittel nehmen?
Mutter: Ja.
Dieter: Ach nein, ich nehme doch lieber die Lebensmittel.
Mutter: Also gut. Ich habe etwas zu den Lebensmitteln zu sagen. Ich meine, daß jeder, der die Lebensmittel übernimmt, sie auch selbständig wegräumen kann.
Gudula: Das haben wir nicht ausgemacht, als wir angefangen haben.
Dieter: Wenn das so ist, dann nehme ich die Lebensmittel nicht.
Gudula: Die Arbeit ist doch nur als Hilfe gedacht, nicht daß man sie ganz tun muß.

Hier spricht Gudula ihre fehlerhafte Einstellung aus. Sie hat das Prinzip der Teilung von Verantwortung noch nicht verstanden, sondern sie sieht sich als ein untergeordnetes Mitglied der Familie, das den Erwachsenen lediglich helfen kann. Wenn dies alles wäre, was Kinder tun können, müßte die Mutter immer alle Verantwortung tragen und könnte nur hoffen, daß die Kinder helfen, wenn sie besonders darum bittet.
Wie Gudulas Einstellung auf die Mutter wirkt, zeigt sich in deren Antwort. Sie klingt nach einem typischen Märtyrer, der alles selbst machen muß und sich auf niemanden verlassen kann.

Mutter: Warte einen Moment. Laß uns zuerst klären, wie die Arbeit mit den Lebensmitteln aussieht, und dann werden wir sehen, wer sie übernehmen will. Es scheint da einige Mißverständnisse zu geben. In der letzten Woche waren die Lebensmittel Dieters Aufgabe. Ich brachte sie in die Küche und räumte einige von ihnen ein. Als ich

runterkam, um das Abendessen zu machen, stand der ganze übrige Rest noch da, und so räumte ich ihn weg. Aber ich finde, daß jeder in diesem Haus in der Lage ist, Lebensmittel wegzuräumen.
Gudula: Nein, das war nicht abgemacht, daß wir alles alleine machen müssen.
Dieter: Darum habe ich auch auf dich gewartet.
Mutter: Dann möchte ich das ändern. Erinnert ihr euch eigentlich, wie die Regel lautete? Wir brauchen ein ganzes Buch von Regeln.

Der einzige Grund, warum die Mutter meint, sie brauchten ein richtiges Regelbuch, ist der, daß die Familie das Grundprinzip — Teilung der Verantwortung — nicht verstanden hat. Was diese Familie braucht, ist nicht ein Regelbuch, sondern vielmehr eine kritische Überprüfung der Art, wie sie miteinander umgehen. Der Vater macht den Eindruck, als ob es ihm ganz recht wäre, daß die Mutter auch weiterhin diejenige ist, die alles tut; die Mutter wünscht sich Hilfe, aber wenn sie diese Hilfe nicht bekommt, erledigt sie die Arbeit eben selbst und beklagt sich, wie Mütter das schon immer getan haben.
Jedes dieser Familienmitglieder ist noch darum besorgt, seine eigenen Rechte zu wahren und sich von anderen nichts davon wegnehmen zu lassen. Indem sie in solchen Kategorien denken, wie wer wem hilft, haben sie den Blick für die Arbeit verloren, die zum Wohl aller getan werden muß.
In der Diskussion über die Regeln sagen sie:

Vater: Es sollte nur eine Hilfe sein.
Mutter: Also gut. Jetzt möchte ich die Regel ändern. Ich möchte sie so haben, daß der, der den Lebensmitteljob hat, in dieser Woche auch voll dafür verantwortlich ist, alles wegzuräumen.
Gudula: Du mußt erst einen Antrag stellen.
Vater: Wir wollen darüber sprechen. Wenn jemand dazu irgendeine Meinung hat ...
Dieter: Ich bin nicht dafür, daß wir die Regel ändern.

Vater: Nun, ich meine doch, daß inzwischen jeder groß genug ist — und eine so große Sache ist es ja auch wieder nicht.

Es geht nicht darum, ob die Kinder groß genug sind; es geht darum, daß sie sich nicht gleichwertig fühlen können. Die Einstellung: »Die Eltern wissen es am besten« ist aus den Äußerungen herauszuhören, und natürlicherweise leisten die Kinder Widerstand. Was immer sie in dieser Versammlung äußern, sie wissen, daß die Mutter ihre Arbeiten schon für sie erledigen wird, wenn sie versäumen, sie zu tun.

Der Vater macht sich nicht klar, worin das Problem eigentlich besteht: nämlich darin, daß nur die Mutter Lebensmittel einkauft und nach Hause bringt. Wenn ein anderer sie dann einräumen soll, setzt das voraus, daß der zu Hause ist und Zeit hat, das zu erledigen.

Vater: Wenn Mutter mit diesem Job an der Reihe ist, dann muß sie alles allein machen.

Dieter: Und wenn du dran bist, mußt auch du alles allein machen.

Gudula: Ich kann mir Papi dabei so richtig vorstellen.

Gudula hat schon gemerkt, daß Vater bestimmte Arbeiten für unter seiner Würde und nur passend für Frauen und Kinder hält.

Dieter: Warum könntest du das nicht machen, Papi?

Vater: Willst du die Lebensmittel alle herumliegen haben, bis ich von der Arbeit nach Hause komme?

Dieter: Ja.

Vater: Das bedeutet, daß Mutter sie nicht zur Hand hätte, um das Essen zu machen.

Dieter: Du meinst, wir könnten nicht essen, bevor du nicht die Lebensmittel eingeräumt hast?

Vater: Richtig. Oder nimm mal an, ich bin an einem Tag auswärts und komme abends nicht nach Hause.

Dieter: Dann würden wir überhaupt nicht essen können.

Vater: Genau. Also gut — entscheiden wir, ob die Lebensmittel

wirklich ... ob derjenige, der den Job hat, die ganze Wegräumerei besorgen muß.
Mutter: Es könnte auch so gehen, daß ich die Kinder um ihre Mithilfe bitte, wenn ich an der Reihe bin.
Gudula: Das ist mir egal.
Mutter: Ich stelle den Antrag, daß der, der den Lebensmitteljob hat, dafür verantwortlich ist, die Sache vollständig zu erledigen.
Gudula: Wie viele sind dafür? Wie viele dagegen?
Mutter: Zwei zu zwei, also bleibt es, wie es ist.

Diese Familie kommt mit dem Problem nicht weiter, und es wird immer wieder auftauchen, solange die Erwachsenen nicht erkennen, daß sie etwas Unmögliches versuchen. Sie verhalten sich traditionell autokratisch, während sie so reden, als ob sie demokratisch wären.

Das autokratische Verhalten kann man am besten aus den Äußerungen des Vaters zu Beginn der Sitzung erkennen, als er sagt: »Dann wollen wir anfangen.« Als er gehört hat, wer die Sitzung leitet, sagt er: »Also los«, als ob er erst das Startsignal geben müßte, bevor irgend etwas passieren kann.

Als der Vater vom Müll spricht, sagt er: »Ich habe das phantastisch gemacht«, was vielleicht wie ein Spaß klingen mag, aber in dieser Art der Übertreibung seine Verachtung für so niedrige Dienste verrät.

Die nächste Aufgabe ist das Tischdecken, und obwohl Gudula den Vorsitz führt, stellt der Vater die Fragen. Er fragt: »Wer hatte das letzte Woche?« Als ob seine Tochter unfähig wäre, die Sache voranzubringen. Und so geht das weiter; die Eltern wollen etwas erreichen, und die Kinder widersetzen sich. Man spürt auch deutlich die besondere Bedeutung des Vaters. So gerät die Familie in eine Sackgasse.

Daraus, daß eine Entscheidung vermieden wurde, ist jedoch kein Schaden entstanden. Die Mutter wird weiterhin diejenige sein, die Lebensmittel einkaufen geht, sie ins Haus bringt und sie wahrscheinlich auch einräumt. Alternativen hätten gefunden werden können; zum Beispiel könnte die Mutter sich bereit erklären, alle leichtverderblichen Sachen wegzuräumen, und alles andere einem Familienmitglied zu überlassen. Man könnte sicher auch noch andere Möglichkeiten finden, dieses Problem so zu behandeln, daß sich die Familie die Verantwortung teilt.

Man müßte mehr von den tatsächlich anfallenden Arbeiten in die Aufgabenliste aufnehmen. So wie sie jetzt ist, erfaßt sie zu wenige und zugleich so unbedeutende Aufgaben, daß es schwierig ist, sie wirklich ernst zu nehmen.

Wenn alle Arbeiten, die in einer Familie erforderlich sind, aufgeteilt würden, könnte auch der Vater adäquat beteiligt sein. Seine Abwesenheit von zu Hause ist dadurch bedingt, daß er für das Einkommen der Familie verantwortlich ist. Es gibt aber auch im Haushalt Aufgaben, die er an den Tagen oder Abenden, an denen er zu Hause ist, wahrnehmen könnte. Jedes Familienmitglied muß für die Arbeit, die es übernimmt, ganz verantwortlich sein.

Wir wollen damit nicht sagen, daß kein Familienmitglied ein anderes um seine Mithilfe bitten dürfe, sondern lediglich, daß jeder in der Familie gemäß seinen Fähigkeiten freiwillig eine Aufgabe wählen sollte. Wenn ein Kind von den Anweisungen eines Elternteils abhängt, ist zu befürchten, daß das Kind das Gefühl bekommt, herumkommandiert zu werden, und sich darüber ärgert.

Wenn jeder seine besonderen Aufgaben hat, hilft das der Familie, dem Zeitpunkt näherzukommen, an dem die meisten Bitten und Forderungen überflüssig werden. Wenn jeder um die Verantwortlichkeiten weiß, ist es ganz natürlich, daß die Arbeiten auch erledigt werden, und eine Menge von täglichen Konflikten lassen sich vermeiden.

BESONDERE AUFGABEN

In jedem Haushalt gibt es spezielle Arbeiten, die nur in größeren Abständen anfallen. Eltern fühlen sich gewöhnlich beunruhigt, wenn irgend etwas im Bereich des Hauses nicht so aussieht, wie es ihrer Meinung nach aussehen sollte: Der Teppich ist schmutzig, der Garten ist überwuchert, die Garage ist in Unordnung. Im allgemeinen haben die Kinder andere Maßstäbe als die Eltern, und es kümmert sie nicht, wie es aussieht.

Das alte Verhaltensmuster der Eltern, die Kinder zum Mithelfen zu bewegen, bestand darin, zu bitten, zu schmeicheln, zu bestechen oder zu befehlen. Oft spricht jedoch nicht einmal das Angebot, für die Arbeit zu bezahlen, die Kinder an. Für Familien, die versuchen, demokratisch zu sein, ist es schwierig, die Mitarbeit der Kinder auf andere Weise zu erreichen. Der Familienrat schafft die Voraussetzung dafür. Wenn die Kinder die Arbeit als einen Beitrag zum Wohlbefinden der ganzen Familie ansehen können, sind sie sehr viel eher dazu bereit. Und natürlich ist gern getane Arbeit auch am effektivsten.

Hier ein Beispiel, wie die Familie Stein eine lästige Arbeit regeln konnte.

Vater: Kann ich einen Antrag vorbringen, der eine neue Arbeit betrifft?

Bert: Das ist nicht ordnungsgemäß, aber wir wollen darüber hinwegsehen.

Vater: Wir sind jetzt beinahe mit dem Unkraut fertig geworden, und ich fände es gut, wenn wir eine Art Abmachung treffen könnten, bis Ende der Woche in gemeinsamer Arbeit die Sache zu Ende zu bringen. Was haltet ihr davon, jeden Tag zu einer bestimmten

Zeit eine halbe Stunde zu jäten, jeder von euch, außer mir? Ich bin ja zur Arbeit.

Der Vater setzt voraus, daß allen übrigen genausoviel wie ihm daran liegt, mit dem Jäten fertig zu werden, was wahrscheinlich nicht zutrifft. Dann setzt er die Arbeit dadurch herab, daß er sagt: »Ich bin ja zur Arbeit«, was bedeutet: »Ihr drei könnt es machen, ich habe wichtigere Dinge zu tun.« Daß die anderen sich daraufhin dieser Arbeit entziehen wollen, war vorherzusehen. Es ist unmöglich, daß sich die anderen Familienmitglieder für eine Arbeit begeistern, auf die er heruntersieht.

Mutter: Ich habe einen anderen Vorschlag. Wie wäre es, wenn wir uns heute abend für zwei Stunden ranmachen würden, damit wir es hinter uns bringen.

Die Mutter möchte, daß der Vater beteiligt wird und die Sache bald erledigt ist. Aber der Vater hört nicht auf sie.

Vater: Ist jemand daran interessiert, nächste Woche täglich eine halbe Stunde lang Unkraut zu jäten?
Bert: Wie wäre es, wenn du erst einmal fragen würdest, wer überhaupt am Jäten interessiert ist. Auf jeden Fall bin ich nicht bereit, jeden Tag eine halbe Stunde zu jäten, denn ich kann nicht garantieren, daß ich jeden Tag dazu komme. Wenn man sich darauf festlegt, täglich eine bestimmte Arbeit zu tun, wird einem das leicht zuviel.

Bert (20) hat seinen Standpunkt klargemacht, als er zu verstehen gab, daß keiner am Jäten interessiert ist. Wenn das so offen ausgesprochen werden kann, muß bereits ein gewisses Maß an gegenseitigem Verständnis vorhanden sein. Aber die Eltern versuchen weiter, eine zeitliche Festlegung für die von ihnen gewünschte Arbeit zu erreichen.

Mutter: Wie wäre es mit fünfzehn Minuten? Natürlich kann jeder

länger arbeiten, aber wie wäre es mit einem Minimum von fünfzehn Minuten, statt einer halben Stunde?
Stefan: In Ordnung.
Vater: Zu welcher Zeit möchtest du das machen?
Bert: Laß es uns doch machen, wann wir wollen.
Stefan: Paßt dir das, ist das annehmbar?
Vater: Wie soll man wissen, ob jeder seine Arbeit getan hat?

Der Vater will den anderen immer noch nicht trauen, daß sie seinen Wünschen tatsächlich nachkommen werden. Sie mögen jetzt zwar zustimmen, aber solange sie nicht das Gefühl haben, daß sie in demokratischer Weise an dem Beschluß beteiligt waren, wird jeder doch tun, was er will.

Bert: Appellieren wir doch an unsere Ehre!
Vater: Gut, jeder ist um sechs Uhr morgens hier. Warum machen wir es nicht um sechs Uhr?
Mutter: Warum kann nicht jeder auf Ehre und Gewissen fünfzehn Minuten jäten, auch mehr, wenn er Zeit hat, und dann wollen wir das nächste Mal darüber sprechen und sehen, ob jeder es gemacht hat.
Vater: Wie wäre es, wenn der von den Jungs, der mit seiner Jäterei fertig ist, reinkäme und die anderen informieren würde?
Bert: Das klingt so . . . da ist irgendwie was nicht in Ordnung.

Bert kann nicht genau ausdrücken, was er fühlt, aber er spürt, daß er gegen seinen Willen zu etwas gedrängt wird. Hätte der Vater eine Anordnung getroffen, hätte Bert sich sofort widersetzt, und es wäre zum Kampf gekommen. So kommt es zwar nicht zum Kampf, aber einer Übereinstimmung kommen sie auch nicht näher. Der Vater behauptet, daß er der Boß ist, und will das erledigt haben, und Bert spürt, daß er sich nicht unterordnen will, gleichgültig, in welcher Weise der Führungsanspruch erhoben wird.

Vater: Meiner Meinung nach haben wir die Sache fast durchgebracht.

Bert: Warum soll jeder verkünden, daß er sein Pensum erledigt hat? Traut etwa einer dem anderen nicht?
Vater: Na ja, es ist eben eine alte Erfahrung, daß wir sagen, wir erledigen bestimmte Dinge, und irgendwie werden sie doch nicht getan.
Bert: Wenn keiner dem anderen traut, wie kannst du dann einem glauben, wenn er reinkommt und sagt, daß er seinen Teil gejätet hat. Wo ist da der Unterschied?
Mutter: Laßt es uns doch beim nächsten Mal wieder aufgreifen. Jeder macht seine fünfzehn Minuten am Tag, und dann sprechen wir beim nächsten Mal darüber und stellen fest, ob es jeder gemacht hat. Und wenn jeder es gemacht hat, kein Problem; wenn jemand es nicht gemacht hat, versuchen wir herauszubekommen, warum nicht.
Vater: In Ordnung.
Bert: Gut, ich bin einverstanden.
Stefan: In Ordnung.

Mit ihrem Vorschlag, das Thema in der nächsten Woche wieder aufzunehmen, entschärft die Mutter den Streit. Bis dahin haben alle die Möglichkeit gehabt, darüber nachzudenken, und es ergeben sich Anhaltspunkte für eine weitere Diskussion.
Der kritische Punkt ist der Wunsch des Vaters, unbedingt mit dem Unkrautjäten fertig zu werden. Die Kinder stört das Unkraut wahrscheinlich überhaupt nicht. Der Vater erwartet Hilfe von jedem bei dem geringsten eigenen Einsatz. Die Vorstellung, wie etwas auszusehen hat, ist bei Erwachsenen gewöhnlich davon beeinflußt, »was die Nachbarn denken werden«. Kinder kümmert der Zustand des Gartens wahrscheinlich überhaupt nicht, sie ziehen vielleicht sogar eine Umgebung, in der sie herumtollen können, einem gepflegten Garten vor, in dem sie sich nur mit Vorsicht bewegen dürfen. Dennoch wird eine Atmosphäre gegenseitiger Achtung es den Kindern erleichtern, sich auch für die Erledigung unattraktiver Hausarbeiten verantwortlich zu fühlen, genau wie die El-

tern Dinge für ihre Kinder tun, die für sie unbequem und lästig sind.
Einige besondere Aufgaben beziehen sich auf künftige gemeinsame Vergnügungen. Die dafür anfallenden Arbeiten müssen vorher verteilt werden.
Die Familie Clausen freut sich schon auf den Sommer, wenn alle im Garten hinter dem Haus ihr Schwimmbecken genießen können, das jedoch nicht fest installiert ist.

Vater: Ich möchte den Swimming-pool zur Sprache bringen. Ich habe heute angefangen, ihn aufzubauen, und wir müssen zusammen eine Regelung finden. Wenn also jemand irgend etwas zu ...
Erich: Laßt uns doch versuchen, es heute noch fertigzukriegen und Wasser einzufüllen. Es dauert eine ganze Nacht, bis es voll mit Wasser ist, und vielleicht können wir morgen schon rein.
Mutter: Welche Arbeitsvorgänge müssen wir erledigen, um den Pool aufzubauen?
Michael: Wir müssen eine Bodenfräse besorgen.
Vater: Wir müssen die Stelle ausschachten und das Becken schön eben aufstellen und ...
Erich: Wenn ein paar Mann mit anpacken, brauchen wir keine Bodenfräse. Wir könnten es so hinkriegen.
Mutter: Wie tief muß der Boden ausgehoben werden?
Vater: Etwa sechzig Zentimeter.
Erich: Wir sind genug Leute, um das leicht in drei Stunden zu schaffen. Und es würde keinem weh tun.
Michael: Wenn wir zu dritt anpacken würden, könnten wir es vielleicht in weniger als drei Stunden schaffen.
Vater: Wir können anfangen, sobald wir mit der Sitzung fertig sind.

Die Familie Hansen hat drei Söhne: Karl (11), Lutz (10) und Jörg (7). Hier das Protokoll einer Sitzung, in der der Vater das Thema »schmutzige Kleidung« angeschnitten hat:

Vater: Drunten liegt ein Haufen Kleider, Lutz. Sie sind zu dreckig, als daß man sie waschen könnte. Hat jemand eine Idee, was wir da machen sollen?
Lutz: Wie wäre es, wenn ...
Jörg: Nein.
Vater: Jörg hat dir nicht das Wort erteilt, Lutz. Er leitet die Sitzung.

Man beachte, daß dem Vater genausowenig das Wort erteilt war. Wenn er seinem Sohn sagt, daß er nicht den Vorsitz führe, mischt er sich genauso ein wie Lutz. Der Vater hat seine Rolle als Boß nicht aufgegeben.

Lutz: Er wollte mir nicht das Wort erteilen, weil er einen Vorschlag hatte.
Vater: Gut, laß hören. Er führt den Vorsitz.
Jörg: Also ich meine, Lutz und ich sollten die Sachen saubermachen, die uns gehören. Er hat eine Menge Klamotten da unten und ich auch ein paar, und die müßte ich saubermachen.
Karl: Man kann sie nicht in die ...
Mutter: Man kann sie nicht in die Waschmaschine stecken, bevor der Dreck nicht getrocknet und abgebürstet ist.
Jörg: Ich weiß. Aber sie sind schon trocken.
Karl: Ich meine, man müßte sie jedem in sein Zimmer schmeißen. Laß sie doch da rumliegen, bis ...
Lutz: Vergiß das!
Vater: Warum meinst du, man sollte das ganze Zimmer verdrekken?
Karl: Weil es ihre Sachen sind.
Jörg: Karl, es ist unser Zimmer!
Karl: Zu dumm, was?
Lutz: Wie würde dir das gefallen, wenn wir ein paar dreckige Sachen in dein Zimmer werfen würden?
Karl: Das würde mich nicht stören, wenn es meine wären.
Vater: Ich glaube nicht, daß das eine Lösung ist.

Karl: Was willst du machen? Ist das nicht ihre Sache?
Mutter: Also gut, das war Karls Vorschlag. Hat jemand eine bessere Lösung?
Lutz: Na ja, also wir gehen runter und machen die Sachen sauber.
Karl: Wenn jemand etwas schon gezwungenermaßen nicht tut, wie kommst du darauf, daß der das freiwillig machen könnte?
Mutter: Nun, das hoffen wir eben.
Lutz: Wenn er es nicht macht, dann könntest du die Sachen einfach zum Trödelmarkt geben.
Mutter: Irgendwie finde ich Karls Idee schon gut. Das Zeug sieht schrecklich aus im Garten, alles auf einem Haufen auf dem kleinen Tisch im Innenhof. Da liegen vier Hosen und mindestens ein Hemd — ich weiß noch nicht einmal, wem das alles gehört.
Lutz: Ich will die dreckigen Klamotten einfach nicht in meinem Zimmer haben, denn sie würden dann bloß auf Jörgs Bett landen, und dann schmeißt er sie auf den Fußboden.
Mutter: Ich kann dir das nicht verübeln. Was könnten wir denn damit machen? Was kann man tun? Die Sachen sind mindestens eine Woche da draußen gewesen.
Lutz: Jörg sollte runtergehen und sie saubermachen.
Jörg: Und du auch.
Lutz: Wenn er sie nicht saubermacht, braucht er sie auch nicht.
Vater: Also was können wir in der Sache jetzt endlich tun?
Mutter: Lutz sagte gerade, es ist Sache jedes einzelnen, für seine Kleidung zu sorgen. Und es ist nicht Vaters Aufgabe, Kleidungsstücke zu ersetzen, die einer verkommen läßt.

Nachdem die Frage mit den schmutzigen Kleidern geregelt war, griff die Familie Hansen in derselben Sitzung noch ein anderes Problem mit der Wäsche auf:

Mutter: Ich habe mehr Wäsche als von einer Woche da unten liegen, die alle auf einmal runtergeworfen wurde, aber ich habe wirklich wenig Lust, sie zu machen; ich hatte sowieso schon alle Hände

voll zu tun, und dann kam auf einmal der ganze Haufen noch dazu.
Lutz: Mach sie doch einfach nicht!
Karl: Ich meine, das wäre nicht fair gegenüber Lutz oder Jörg oder mir, oder wer immer das auch war, der sie da hingeworfen hat.
Lutz: Aber sie war von Jörgs Bett.
Karl: Mir ist das egal, von wem sie ist. Das betrifft uns doch alle. Mutter, du bekommst die Wäsche jeden Abend.
Jörg: Letzte Woche war es dein Zeug, was ich runtergeschmissen habe.
Mutter: Er hat recht, Lutz. Ziemlich viel sogar ...
Karl: Sammel das dreckige Zeug in deinem eigenen Bett!
Mutter: Wirklich, ich fühle mich wie ein Sklave, wenn ich davorstehe ... wenn ich schon mit der üblichen Wäsche alle Hände voll zu tun habe und dann eure Wäsche von einer ganzen Woche zusätzlich an einem Tag machen soll. Und das passiert immer dann, wenn es euch Jungens gerade mal einfällt, sie runterzuwerfen.
Karl: Ich meine, du solltest die Leute, die die Wäsche runterschmeißen, sie auch waschen lassen, denn von mir weiß ich, daß ich die Sachen jeden Tag runterwerfe, nicht alles auf einmal.

Karl zeigt seine Überlegenheit als der Älteste; er spricht, als ob die Mutter die Macht über die anderen hätte und er davon nicht berührt würde, weil er seine Sache richtig macht. Die Mutter verliert die Tatsache aus dem Blick, daß sie sich nicht mehr als Sklavin fühlen muß, wenn sie sich nicht mehr als solche verhält. Sie bittet inständig:

Mutter: Ich brauche etwas Hilfe, Jungens. Muß das immer so weit kommen, daß ihr nichts mehr zum Anziehen habt? Oder?
Vater: Wie wäre es damit, daß der, der die Wäsche runterbringt, sie auch in die Waschmaschine steckt?

Die einfachste Lösung und die natürliche Konsequenz aus dem Verhalten der Jungen wäre, daß die Mutter von der Waschmaschine wegbliebe bis zur nächsten großen Wäsche. Aber der Vater möchte, daß die Entscheidung entsprechend seinen Vorstellungen getroffen wird.

Die Mutter macht sich Sorgen, daß ihre Söhne möglicherweise keine sauberen Sachen mehr anzuziehen haben und nicht präsentabel aussehen könnten, was sie dann als ihre Schuld betrachten würde.

Der Vater begreift zumindest, daß mit einer automatischen Waschmaschine die Last gar nicht auf der Mutter liegen muß, sondern jedes Familienmitglied seine Sachen selbst waschen kann.

Die Mutter will die Sache so nicht weiterlaufen lassen und drängt:

Mutter: Die Sachen reinstecken und Waschmittel in die Maschine füllen, ist für mich kein Problem. Wie steht es aber mit dem Zusammenlegen, oder wenn da irgend was gebügelt werden muß ...

Vater: Sie sollten für alles verantwortlich sein.

Mutter: Dann will ich das Waschen übernehmen.

Vater: Ist das akzeptabel?

Mutter: Ich wasche, was kommt, und ihr Jungens, macht es schrankfertig. Wie wäre das?

Die Mutter will ihre Vorstellungen durchsetzen und weiter verantwortlich bleiben, aber ihre Söhne wollen nicht, daß sie sich wie eine Sklavin fühlt.

Jörg: Mutter, das Zeug da von Lutz, weißt du, was er tun könnte? Er könnte seine Sachen selbst waschen, und ich könnte meine waschen. Das würde Zeit sparen.

Vater: Es wurde vorgeschlagen, wenn die Mutter sie wäscht und trocknet, daß dann ihr, Jörg und Lutz, euch hinsetzt und sie faltet und wegräumt.

Mutter: Wenn ihr eure Sachen selber waschen und trocknen wollt, ist mir das recht, solange ihr es mir sagt, bevor ihr die Maschinen benutzt.

Vater: Gut, was meint ihr?

Lutz: So machen wir's. Wir schaffen das.

Karl: Gut, in Ordnung, jetzt können wir das vergessen — es reicht jetzt.
Mutter: Wie ist eure Entscheidung, Jungens? Was wollt ihr tun?

Die Mutter hört nicht auf die Vorschläge. Aber sie wünscht eine abschließende Entscheidung, die es ihr erlaubt, weiter unter ihrer Rolle zu leiden. Sie greift zu einer Drohung.

Lutz: Wir werden sie zusammenlegen.
Mutter: Ich will euch mal was sagen. Wenn es wieder passiert, dann wasche ich, wann es mir paßt, und nicht, wenn ihr nichts mehr anzuziehen habt. Ihr denkt ja auch nicht an mich, wenn ihr das tut, oder?
Jörg: Nein.
Vater: Na, na, Jörg.
Mutter: So, wie war die Übereinkunft?
Lutz: Daß Jörg und ich ...
Mutter: Daß diesmal ...
Lutz: Daß Jörg und ich die Wäsche, wenn du sie gewaschen hast, in den Trockner stecken usw.
Mutter: Was ist, wenn es wieder so läuft wie bisher?
Lutz: Dann müssen wir alles selbst machen.
Jörg: Ist jetzt für jeden alles klar?
Lutz: Ja.

Dieses Problem kann nicht gelöst werden, solange die Mutter ihre Söhne nicht die Konsequenzen ihrer eigenen Nachlässigkeit erleben läßt, sondern sich für sie schämt. Solange die Familie Hansen aber regelmäßig ihre Familienratssitzungen abhält, kann jeder, der damit unzufrieden ist, wie die Dinge zu Hause laufen, diese Unzufriedenheit zur Sprache bringen. Es ist ein schwieriger Prozeß und braucht seine Zeit, eine Übereinkunft zu erzielen. Aber so kann der Standpunkt eines jeden einzelnen zum Ausdruck gebracht und überdacht werden.

Die Familienratssitzung der Familie Jensen fand vor der geplanten Geburtstagsparty ihrer ältesten Tochter Ruth statt.

Mutter: Ich habe noch etwas zu sagen. Wir bekommen zu Ruths Geburtstagsessen Gäste, und das bedeutet, daß eine ganze Menge Kartoffeln zu schälen, eine große Schüssel Salat zu machen und der Tisch mit acht zusätzlichen Plätzen zu decken ist. Will jemand dabei helfen?
Fred: Ich werde bis zwei Uhr arbeiten wie ein Pferd, aber um zwei will ich das Spiel sehen.
Brigitte: Du hast gesagt, ich könnte den Salat machen.
Mutter: In Ordnung, Fred, was willst du tun?
Fred: Ich tu alles, was du sagst.
Vater: Ich habe die Küche saubergemacht und hab' die Frühstücksteller weggestellt.
Brigitte: Laßt uns Schluß machen, dann können wir in die Küche gehen und anfangen.

Diese Mutter scheint sich nicht für das ganze Essen verantwortlich zu fühlen, sondern sie hält die Kinder für fähig, sich an der Arbeit genauso zu beteiligen wie an den Festen. Mutters Kontrolle über die Küche steht nicht auf dem Spiel. Dadurch, daß sie bereit ist, die anderen an der Arbeit teilnehmen und ihnen die Wahl zu lassen, was sie tun wollen, wird die Party zu einer Angelegenheit der Familie und ist nicht nur Sache der Mutter.
Die Jensens haben das Prinzip verstanden: Produktive Arbeit durch freiwillige Beteiligung aller.

Die Parkers bemühen sich sehr darum, demokratisch zu sein und einander als gleichwertige Partner zu behandeln, aber sie stehen damit vor einer schweren Aufgabe. Wie die meisten Eltern sind sie sich ihrer eigentlichen Einstellung nicht bewußt, die im Gegensatz steht zu dem, was sie sagen. Jede Aussage, die ein Mitglied der Familie macht, zeigt seine Haltung den anderen gegenüber. Wenn Eltern anfangen zu begreifen, was hinter ihren Worten steht, kommen sie sich selbst auf die Schliche und machen Fortschritte auf dem Wege zur Demokratie.
Beide, Albrecht und Renate Parker, sind voller guter Absichten, als sie mit dem Familienrat anfangen. Sie sind jedoch ziemlich autoritär, und die Sitzung wird mehr ein Streitgespräch als eine offene, freundliche Diskussion.
Ihre Kinder sind Nicola (9), Gerd (7) und Jim (2). Jim nimmt an dem folgenden Gespräch nicht teil.

Nicola: Ich möchte was über das Taschengeld sagen. Ich meine, wir sollten das Taschengeld erhöhen, jetzt wo ich neun bin.
Vater: Was, erhöhen, wie hoch denn?

Dies ist das erste Anzeichen für den unterschwelligen Machtkampf in der Familie. Der Sinn der Antwort des Vaters ist nicht, daß er wissen will, wie weit das Taschengeld angehoben werden sollte — er ist schon mißtrauisch gegen eine Erhöhung überhaupt, und daraus kann nichts Gutes werden. Seine Worte zeigen seine feindselige Einstellung. Er hat noch nicht gelernt, seiner Tochter mit Respekt zuzuhören.
Gerd ist besorgt, daß er übersehen werden könnte, und seine Verärgerung deutet sich in seinen Reaktionen an.

Gerd: Und ich bin sieben.
Mutter: Ich weiß nicht, wie hoch sollten wir wohl ...

Die Äußerung der Mutter zeigt ein ehrliches Interesse an einer Erhöhung des Taschengeldes. Aber der Vater ist nicht wirklich interessiert. Er sagt herausfordernd:

Vater: Wie hoch, wie hoch ...
Gerd: Drei Mark.
Vater: Was ist mit fünfzig Pfennig und fünfundsiebzig Pfennig?
Gerd: Drei Mark.
Vater: Nein, drei Mark sind zuviel!

Anstatt daß sich der Vater um eine Atmosphäre bemüht, in der das Problem gemeinsam durchdacht werden kann, beginnt er sofort einen Streit darüber, was richtig ist. Eine demokratischere Antwort hätte sein können:

Vater: Nicola möchte mehr Taschengeld. Laßt uns offen darüber diskutieren, ob sie mehr bekommen sollte und wieviel. Und Gerd auch. Laßt uns das alle mal besprechen.

Sobald der Vater sagt: »Was ist mit fünfzig und fünfundsiebzig Pfennig?«, ist er mitten in einem Machtkampf. Er ist nicht gewillt, die verschiedenen Gesichtspunkte des Problems zu diskutieren. Er stellt bereits die Rechte seiner Tochter in Frage und provoziert die Auseinandersetzung. Die Mutter ist an einem Kampf nicht interessiert, wohl aber der Vater. Er ist sich allerdings seiner eigenen Feindseligkeit nicht im geringsten bewußt. Genausowenig merken beide Eltern, wie sie miteinander kämpfen.
Es ist offensichtlich, daß der Vater der Boß ist. Er ist nicht darauf eingestellt, jemandem zuzuhören. So ist er ein ausgezeichnetes Beispiel für den durchschnittlichen Erwachsenen, der sich bemüht, an einem Familienrat teilzunehmen. Zwar hat er den guten Willen, aber er hat nicht die leiseste Vorstellung davon, wie er sich verhalten soll — wie er reden und wie er zuhören soll.

Mutter: Du willst sagen, daß du mehr als fünfundsiebzig Pfennig in der Woche möchtest?
Nicola: Na ja, vielleicht schon fünfundsiebzig Pfennig, aber ich will mehr davon ausgeben können.
Mutter: Du möchtest mehr als dreißig Pfennig ausgeben?

Offensichtlich unterliegt das Taschengeld Regeln, die die Eltern festsetzen, und Nicola wünscht sich mehr Freizügigkeit. Die Mutter sucht den Frieden zu wahren. Sie möchte fair sein.

Nicola: . . . und ich will mehr in meiner Sparbüchse haben.
Mutter: Ich stimme dir zu, ich meine, sie sollte mehr haben. Sie sollte mehr als dreißig Pfennig für Süßigkeiten ausgeben können. Wie wäre es, sie entscheiden zu lassen, ob sie die fünfundsiebzig Pfennig ganz ausgeben oder einen Teil davon sparen will. Warum müssen wir das eigentlich festsetzen?
Vater: Den ganzen Betrag?

Der Vater hat nicht die Absicht, fair zu sein; er will recht haben. So kann es keine freundliche Diskussion geben. Man will recht haben und recht behalten. Jeder bringt seine Rechtfertigung für seinen eigenen Standpunkt vor, anstatt zu versuchen, die Gefühle der anderen zu verstehen. In Wirklichkeit geht es darum: Man fühlt sich betrogen und unfair behandelt, es wird einem etwas vorenthalten, und man bekommt nicht das, was man will. Mit seinen Äußerungen zeigt der Vater, wie bestürzt er ist. Es ist für ihn undenkbar, daß Nicola für sich selber entscheiden könnte.
Die Mutter, die an einem Kampf nicht interessiert ist, sagt:

Mutter: Ja, laß sie doch ausgeben, was sie will. Wenn wir sagen, daß sie nur dreißig Pfennig für Süßigkeiten ausgeben darf, dann will sie mehr Taschengeld.
Vater: Also gut, in Ordnung.

Hier geht es zu wie bei einem Arbeitskampf. Die Unternehmer stimmen einer Tariferhöhung nicht zu. Jeder stellt Forderungen, und es ist kein Ende abzusehen, es sei denn, eine Seite gibt nach. Hier wollen die Eltern allein entscheiden. Das führt zu keiner wirklichen Übereinkunft, denn die Kinder haben an ihr keinen Anteil gehabt. Den jüngeren Mitgliedern fehlte die Chance, sich an einer Diskussion zu beteiligen, die zu einer fairen Lösung hätte führen können.

Mutter: Was meinst du dazu, Nicola? Das ist eine Summe, die du ausgeben kannst. Du würdest fünfundsiebzig Pfennig bekommen, und du kannst alles ausgeben oder einen Teil davon sparen.
Nicola: Aber was ist mit Gerd?

Nicola gibt sich mit der Entscheidung der Eltern zufrieden, aber sie will sicher sein, daß ihr Bruder auch berücksichtigt wird. Außerdem will sie wissen, was für ihren Bruder entschieden wird, um sicher zu gehen, daß er nicht mit ihr gleichzieht. In seiner Antwort setzt der Vater seinen Sohn herab und provoziert ihn.

Vater: Das ist Gerds Sache. Er ist nicht interessiert. Er sitzt lieber da und lutscht sein Bonbon. Wir brauchen keine Notiz von ihm zu nehmen.
Gerd (weinend): Neiiiin!
Mutter: Wie ist es mit deinem Taschengeld?
Gerd: Fünfundsiebzig Pfennig.
Mutter: Nein, Liebling. Wir können dir doch nicht dasselbe geben wie Nicola. Du bist jünger, du bekommst weniger.
Vater: Willst du auch alles für Süßigkeiten ausgeben können, wenn du darfst? Ohne irgend etwas zu sparen?
Gerd: Ja, klar.

Obgleich die Mutter in einem freundlichen Ton spricht, ist die Diskussion immer noch völlig einseitig. Sie versucht, demokratisch zu sein, weiß aber nicht, wie. Beiden Eltern wird nicht bewußt, wie sie die Sache in die Hand nehmen. Die Mutter läßt jetzt einen Vortrag vom Stapel, herablassend und voller Erklärungen. Die Schwierigkeit ist die: Obwohl sie sagt, das Taschengeld gehöre vollständig den Kindern, traut sie ihnen nicht zu, daß sie es lernen, damit umzugehen.

Mutter: Vater und ich wollen euch ein Konto einrichten, auf das euch das Taschengeld eingezahlt wird, und ihr könnt einen Teil davon sparen oder alles ausgeben.
Gerd: Alles ausgeben.
Mutter: Nein, das mußt du entscheiden. Sieh mal, Vater und ich kaufen dir deine Sachen zum Anziehen und dein Essen und alles, was du sonst brauchst. Aber wenn du was anderes willst, dann mußt du Geld sparen, damit du diese Kleinigkeiten kaufen kannst. Wir tun das nicht, wir können dir solche Sachen nicht kaufen, wie diese kleinen Autos, die du kaufst, oder was auch immer. Wenn du also kein Geld sparst, hast du auch keines, um diese Dinge zu kaufen.

Nachdem die Mutter ihre lange Erklärung, die in Wirklichkeit eine Predigt ist, beendet hat, fürchtet der Vater, daß damit das Thema Geld noch nicht erschöpfend behandelt wurde. Die Kinder haben noch eine andere Einnahmequelle. Er macht sich Sorgen darüber, wer das Recht hat zu entscheiden, wie dieses Extrageld ausgegeben wird. Dieses Recht will er behalten, und dafür kämpft er.

Vater: Wie steht es mit dem Extrageld, das sie bekommen?
Nicola: Was ist mit den großen Sachen, die wir kriegen?
Mutter: Wir sollten festsetzen, daß die größeren Geldbeträge . . .
Vater: Sie können nicht mehr als ihr Taschengeld für Süßigkeiten ausgeben.
Mutter: Richtig.

Für die Eltern ist alles entschieden. Sie haben die Regelung in autokratischer Weise verfügt. Aber Nicola ist unzufrieden.

Nicola: Wie ist das mit den großen Sachen?
Vater: Nur einen Augenblick. Also wenn du drei oder sechs Mark von irgend jemand bekommen hast, oder von Großmutter, das kannst du nicht für Süßigkeiten ausgeben.

Nicola: Aber Großmutter sagt, ich kann es ausgeben, wofür ich will.

Vater: Aber Großmutter ist nicht deine Mutter.

Mutter: Großmutter braucht nicht deine Zahnarztrechnungen zu bezahlen. Wir müssen das.

Vater: Alles, was du jede Woche für Süßigkeiten ausgeben kannst, sind fünfundsiebzig Pfennig Taschengeld.

Die Eltern setzen immer noch die Regeln fest und verkünden sie. Sie fühlen ihre Autorität durch Großmutters Geld bedroht und suchen nach Gründen, warum die Kinder es nicht entsprechend ihren Wünschen ausgeben dürfen.

Im weiteren Verlauf des Familienrats wird der Zusammenhang von Süßigkeiten und Löchern in den Zähnen und Zahnarztrechnungen diskutiert. Aber die ganze Zeit benehmen sich beide Eltern, als ob sie die Quellen der Weisheit wären. Sie verkünden ihren eigenen Standpunkt, ohne auf die anderen zu hören. Sie sitzen zu Gericht und treffen die Entscheidungen, anstatt zu verantwortlicher Teilnahme zu ermutigen.

Sie müssen noch viel lernen — so, wie viele andere Familien, die versuchen, sich von einer autokratischen auf eine demokratische Lebensform umzustellen.

Aus dem oben Dargestellten geht hervor, daß Schiedsrichterlösungen auf lange Sicht nicht funktionieren. Kinder fühlen sich an Entscheidungen nicht gebunden, an denen sie nicht beteiligt waren, und werden ihre Energie weiter dazu benutzen, die Eltern zu überlisten. Eine freie, offene, freundliche Diskussion gestattet jedem Teilnehmer, seine eigene Meinung, die die zugrundeliegenden Gefühle widerspiegelt, auszudrücken. Vergleichen Sie dazu noch einmal Kapitel 8 (»Konflikte bewältigen«), in dem die vier Schritte, eine Übereinkunft zu erzielen, beschrieben werden.

Jede Familie entwickelt bei ihrem Bemühen um Gleichwertigkeit ihre eigenen Wege und Muster; jeder einzelne muß dahinterkommen, was er persönlich für die Familie tun kann. In einigen Sitzungen mag eine wirkliche Gleichwertigkeit sichtbar werden; in anderen wird es wiederum Anzeichen dafür geben, daß jedes Individuum nur sich selber sieht und sich den Botschaften der anderen verschließt.

Der Umgang mit Geld ist ein empfindlicher Punkt in den meisten Familien. Das demokratische Elternverhalten wird auf eine harte Probe gestellt, wenn Eltern den Kindern erlauben wollen, auf ihre eigene Weise zu lernen, mit Geldproblemen umzugehen. Der Wert des Taschengeldes für Kinder liegt darin, daß es ein Instrument ist, an dem sie den Umgang mit Geld lernen. Wenn Eltern weiter Anweisungen austeilen und Abrechnungen fordern, ist es mit dem Wert der unabhängigen Erfahrung vorbei.

In der Familie Jensen ist der Kassenbericht Teil der Tagesordnung, aber anstatt den Bericht anzuhören, führen die Eltern eine Kassenprüfung durch. Sie mischen sich dabei unnötigerweise in die Angelegenheiten der Kinder ein und hindern sie am selbständigen Umgang mit ihrem persönlichen Geld. Wie man sieht, fühlen die Eltern sich berechtigt, einen genauen Nachweis über jeden Pfennig zu verlangen.

Ruth: Meinen Märzbeitrag für den Turnverein von DM 11,50 habe ich bezahlt. Mein Geld für den ganzen April habe ich bekommen. Ich habe ausgegeben: DM —,30 für ein Päckchen Kaugummi, DM 3,— für Essensgeld, DM 2,25 für eine Bootsfahrt, DM 1,50 für Popcorn, und die Stehns haben mir DM 15,— bezahlt, obwohl sie mir DM 17,50 fürs Babysitten schuldig waren, und so haben sie mich um DM 2,50 betrogen.

Der Vater schwingt sich zum Beschützer seiner Tochter auf und sucht das Unrecht, das sie seinem Gefühl nach erlitten hat, wiedergutzumachen:

Vater: Du hast es also nicht bekommen?
Ruth: Die zwei Mark fünfzig? Nein.
Vater: Hast du sie denn darauf angesprochen?

Ruth: Nein, ich gehe nicht mehr zu ihnen.
Vater: Seit sie dich betrogen haben, gehst du nicht mehr hin?
Ruth: Nein. Ich will mit ihnen nichts mehr zu tun haben.

Er zweifelt weiterhin an ihrer Fähigkeit, mit der Situation fertigzuwerden.

Vater: Was wirst du ihnen sagen, wenn sie anrufen?
Ruth: Hab' ich schon gemacht. Sie haben mich angerufen, und ich habe gesagt, daß mich schon jemand engagiert hat. Eigentlich hätte ich so etwas sagen sollen wie: »Sie haben aber Nerven« — oder so.
Vater: Nein, du kannst das taktvoll machen.
Ruth: Vater, sie sollten aber merken, daß sie schäbig sind.

Hier mischt sich die Mutter ein, der es offenbar gefällt, daß Ruth allein zurechtkommt.

Mutter: Richtig, ich meine, du hast jetzt lange genug die Erfahrung machen müssen, daß sie dich nicht richtig bezahlen.
Ruth: Ich schulde Frau West für mein Kleid zu Ostern einundfünfzig Mark, ich schulde Mutter sechzig Mark für eine Anzahlung auf meine Skier; Fred schuldet mir eine Mark zwanzig für eine Wette.
Fred: Nein, das stimmt nicht.

Es beginnt ein Streit zwischen den Kindern, und bei dem Versuch, sie den Umgang mit Geld zu lehren, gibt der Vater ihnen nur Gelegenheit, über Geld zu streiten.

Ruth: Ich habe Brigitte die sechs Mark gegeben, die ich ihr schuldig war, und alles, was mir noch zusteht, sind eine Mark zwanzig von Fred für die Wette letztes Jahr.
Fred: Ich habe dir das schon bezahlt.
Ruth: Du hast mir sechs Mark bezahlt, da sind noch Zinsen, erinnerst du dich?
Fred: Ich habe meine Schulden bezahlt, du hast nichts mehr zu bekommen. Außerdem wären das nur sechzig Pfennig Zinsen.
Ruth: Aber ich habe sie nie bekommen.

Fred: Hör mal, du wirst sie auch nicht bekommen.
Ruth: Sie haben sich verdoppelt, es ist ein ganzes Jahr, Fred. Sie werden sich bald verdreifachen.
Vater: Du hast ihr ein ganzes Jahr lang sechs Mark geschuldet?
Fred: Aber ich hab' sie bezahlt.
Vater: Die Bank macht es so. Wenn sie ein Darlehen gibt und du die Zinsen nicht bezahlst, erhebt sie zusätzlich Verzugszinsen.
Fred: Also, das kriegt sie nie.

Der Vater versucht noch einmal, sich zum Richter aufzuschwingen über das, was richtig ist, und bringt Beispiele vor, die für Ruth sprechen. Sie ist siebzehn, Fred fünfzehn und Brigitte elf Jahre. Anstatt es Ruth und Fred zu ermöglichen, ihre privaten Differenzen ohne Eingreifen der Eltern auszutragen, hat er ein Streitgespräch veranlaßt, indem er die Geldgeschäfte zwischen den Geschwistern in den Familienrat getragen hat.
Obgleich der Grund dafür, daß er die Kinder lehrt, Zinsen zu erheben, der zu sein scheint, sie mit den Bankgeschäften vertraut zu machen, sind die Geldgeschäfte hier für jeden nur ein Vorwand, um über den anderen zu siegen. Sie reden über die Schulden, als ob es dabei um das Prinzip ginge, aber unterschwellig geht es um die Frage, wer gewinnen wird.

Vater: Hast du ihr die sechs Mark gegeben?
Ruth: Er hat mir die sechs Mark gegeben, ohne Zinsen.
Mutter: Wieviel, meinst du, sollte sie bekommen?
Fred: Hol doch die Polizei!

Fred fühlt sich schon geschlagen. Seine Bemerkung zeigt, daß er seine Lage als hoffnungslos ansieht und ebensogut aufgeben könnte.

Vater: Der derzeitige Zinssatz bei der Bank beträgt acht Prozent für ein Darlehen.
Ruth: Dann sind das bei zweiundfünfzig Wochen im Jahr ...
Vater: Das heißt acht Prozent für ein Jahr, das ergibt ...
Fred: Dann schulde ich dir zweiundvierzig Pfennig.

Vater: Was ist acht Prozent von sechs Mark? Das sind achtundvierzig Pfennig, du hast gesagt sechzig Pfennig.
Ruth: Aber sieh mal, ich habe ihm vor drei Monaten gesagt, daß es sich verdoppeln würde — ich hatte vorher sechzig Pfennig festgesetzt, jetzt sind es eine Mark zwanzig.
Fred: Ach hör auf, du mit deinen einszwanzig.

Als Fred seine Niederlage kommen sieht, sucht er seine Zuflucht im Spott, der Waffe des Verlierers. Er fühlt sich von seiner älteren Schwester, die die Hilfe des Vaters hat, besiegt, und das ist ihm vermutlich eine wohlbekannte Situation. An diesem Punkt redet die ganze Familie auf einmal, und jeder versucht, seine Vorstellung von dem, was richtig ist, durchzusetzen. Es geht aber nicht darum, was richtig ist, sondern wer gewinnt. Ruth bleibt Sieger.

Ruth: Das ist hier eine private Abmachung — du hättest zur Bank gehen sollen. Du mußt dich nach meinen Bedingungen richten, denn du hättest ja zur Bank gehen können. Ich bin nicht so großzügig wie die Bank.
Fred: Du bist ein Betrüger.
Ruth: Gut, dann gib mir mein Geld.
Brigitte: Sie verlangt fünfzehn Pfennig von mir für ein Stück Kaugummi.

Die älteste Tochter ist es gewöhnt, ihren Willen durchzusetzen, und läßt sich auch von dem dringenden Appell an ihren Gerechtigkeitssinn und ihr Mitleid nicht beeindrucken. Ihr Vater, voll guter Absichten und darauf erpicht, sie zu belehren, merkt nicht, wie er den Konflikt zwischen Tochter und Sohn nur vertieft.
Die Mutter sucht eine Lösung.

Mutter: Wieviel wärst du bereit, ihr an Zinsen zu zahlen?
Fred: Sechzig Pfennig.
Mutter: Warum bezahlst du ihr dann nicht die sechzig Pfennig? Wäre das akzeptabel, wenn er die sechzig Pfennig jetzt gleich bezahlen würde?

Bei dem Konflikt geht es nicht um die sechzig Pfennig, es geht darum, wer gewinnt — welches der beiden Kinder seinen Willen durchsetzt. Das kann man daran erkennen, daß Ruth diesen vernünftigen Vorschlag nicht akzeptiert.

Ruth: Und sechzig Pfennig später.

Auch der Vater möchte zu einer vernünftigen Entscheidung kommen. Aber er sieht nicht, daß sein Standpunkt sich nicht notwendigerweise durchsetzen muß. Selbst wenn es so scheint, daß sein Vorschlag angenommen wird, kann der zugrundeliegende Konflikt so doch nicht gelöst werden, denn der besteht darin, daß Ruth ständig bestrebt ist, Fred zu übertrumpfen.

Vater: Also, das wollen wir erreichen, Ruth. Zunächst einmal meine ich, wird es dir eine Lehre sein, kein Geld mehr zu verleihen.
Ruth: Ich bin nicht die Bank.
Vater: Ruth hat recht, denn sie kann an Zinsen verlangen, was immer sie will. So arbeitet jede Bank.
Ruth: Ich kann hundert Prozent verlangen, wenn ich will.
Vater: Das ist richtig, denn einige Leute können von der Bank keinen Kredit bekommen und gehen dann zu irgendeinem Kreditunternehmen, das ihnen erheblich mehr Zinsen in Rechnung stellt.

Die Mutter akzeptiert den Beistand des Vaters für seine Tochter nicht und setzt ihre Bemühungen fort, die Sache auf ihre Weise zu regeln.

Mutter: Was habt ihr ausgemacht, als du sie angepumpt hast?
Ruth: Sechssechzig.
Mutter: Wenn das die Abmachung war, dann gib ihr die sechzig Pfennig, Fred!
Ruth: Aber das war vor einem Jahr.
Fred: Es ist noch kein Jahr, im Juni ist es ein Jahr.

Wieder redet die ganze Familie auf einmal, und es ist klar, daß jedes Mitglied ein Urteil hat, das es für richtig hält. Aber niemand von ihnen rührt an den zugrundeliegenden Konflikt, der wieder und wieder in verschiedenen Formen ausbrechen wird. Obgleich Vater und Mutter das Problem für gelöst halten, gelingt es Ruth und Fred immer wieder, ein Ende des Streits zu vermeiden.

Mutter: Willst du jetzt das Geld holen und die Schulden bezahlen?
Fred: Ich hab' es nicht.

Fred sagt in Wirklichkeit: »Nein, ich will es nicht«, aber er findet andere Möglichkeiten — Möglichkeiten, die sie nicht akzeptiert.

Mutter: Du hast es nicht?
Fred: Ich habe überhaupt kein Geld zum Wechseln.
Ruth: Ich nehme den Zehn-Mark-Schein.
Mutter: Sie will dir wahrscheinlich rausgeben.
Ruth: Nein, will ich nicht, denn ich will das Doppelte, und nach dieser Woche wird es das Dreifache.

Ruth sagt in Wirklichkeit: »Ich will nicht, daß das erledigt wird. Ich brauche diese Außenstände, um den Kampf mit meinem Bruder fortsetzen zu können. Ich muß ihm zeigen, daß ich immer Sieger bleibe.«

Mutter: Aber du warst mit dem Doppelten einverstanden ...
Ruth: Aber er war einverstanden, mich in der nächsten Woche zu bezahlen.
Mutter: Na ja, ich nehme an, das geht in Ordnung.
Ruth: Wir haben das schon bei ein paar Versammlungen diskutiert, erinnerst du dich? Vor zwei Monaten haben wir darüber gesprochen.

Ruth zeigt, daß ihr daran liegt, daß der Streit andauert. Solange der Bruder ihr Geld schuldet, kann sie ihm seine Unterlegenheit demonstrieren. Er setzt den Kampf gegen sie dadurch fort, daß er sich weigert zu zahlen.
Diesmal üben die Eltern Druck aus, indem sie Fred auffordern, Geld zu holen, um die Sache zu erledigen. Aber keiner ist zufrie-

den, denn der zugrundeliegende Konflikt ist niemals ausgesprochen worden.

Gleich zu Beginn des Streits kam es im Familienrat zu einer Spaltung, und die Atmosphäre verschlechterte sich zunehmend. Statt die Beilegung der Differenzen zu fördern, hat diese Familienratssitzung die Familie in zwei sich gegenüberstehende Parteien geteilt, in Gewinner und Verlierer. Fatal ist nur, daß die Verlierer sich gewöhnlich mit der Niederlage nicht abfinden, sondern versuchen, sie wettzumachen.

Wieviel einfacher wäre es für die Eltern, sich aus persönlichen Geldangelegenheiten der anderen Familienmitglieder herauszuhalten und sie diese untereinander regeln zu lassen. Der Streit hat die Ressentiments zwischen Bruder und Schwester verstärkt. Selbst wenn die Geldgeschichte erledigt wäre, ginge der Konflikt weiter.

Wenn Eltern aber eine andere Haltung einnehmen, kommen die Probleme einer Lösung näher. Wenn die Kinder zum Beispiel eine Beschwerde vorbringen oder einen Vorschlag machen, wäre eine günstige Reaktion: »Was denkt ihr darüber?« Das gibt ihnen die Chance, ihre Ideen und Meinungen auszudrücken, und die ganze Familie kann sich mit den Möglichkeiten einer Lösung auseinandersetzen.

Wenn Eltern sich einbilden, sie seien die einzige Quelle der Information und die alleinige Autorität, werden die Kinder unterdrückt, und der Konflikt geht weiter.

Es geht nicht darum, das »Richtige« zu treffen, sondern darum, einzusehen, daß wahrscheinlich kein Mensch alles übersehen kann, was eine bestimmte Situation beeinflußt. Nur wenn die Kinder zur aktiven Teilnahme an dem Prozeß ermutigt werden, kann der Familienrat erfolgreich arbeiten.

ALLGEMEINE SCHWIERIGKEITEN

Gewisse Themen tauchen in jeder Familie wieder und wieder auf. Eines davon ist das Geld, und wie man damit umgeht. Wie wir gesehen haben, führt der Umgang mit Geld zu Situationen, in denen beide Eltern sich veranlaßt fühlen, zu belehren, zu predigen und Vorträge zu halten. Obwohl die Eltern dabei meinen, daß sie ihre Kinder lenken, decken sie wahrscheinlich in Wirklichkeit nur Konflikte in anderen Bereichen zu.

Es gibt eine bessere Möglichkeit, mit Geldproblemen zurechtzukommen — einen demokratischen Weg, bei dem jedes Familienmitglied aufgefordert ist, seine Ideen und Anregungen beizusteuern. Zugleich wird es dabei seine Begrenzungen entdecken. Wie Erzieher festgestellt haben, ist Lernen aus aktivem Entdecken wirkungsvoller und von anhaltenderem Erfolg als ein Lernen, das darauf aufbaut, daß jemand gegebenen Instruktionen folgt.

Eine begeisterte Mutter schreibt, wie ihre Familie Geldprobleme anpackt und wie der Familienrat ihnen dazu verholfen hat:

Immer, wenn wir mit dem Wagen einen Ausflug machen, möchte Jochen am liebsten durchfahren. Wir brechen früh auf und fahren so lange, bis wir das Reiseziel erreicht haben. Unsere Finanzen sind nie so üppig, daß wir uns ohne weiteres ein Hotel leisten könnten, und das dient ihm als Begründung.

Wir planten eine Reise, um Verwandte zu besuchen. Diese Fahrt dauert gewöhnlich zwölf bis fünfzehn Stunden. Wir hatten einen neuen Hund, und die Kinder und ich wollten ihn gerne mitnehmen, aber Jochen war dagegen — aus gutem Grund. Der Hund war noch nicht stubenrein, und wir mußten außerdem befürchten, daß er reisekrank würde. Wir diskutierten über unseren Plan und schoben die Sache bis zum nächsten Familienrat auf.

Wie abgemacht, kam jeder von uns mit einer Liste von Pros und Contras zur nächsten Sitzung. Die Jungen redeten über die Strapazen einer solchen Gewalttour und meinten: »Andere Leute übernachten in Hotels. Warum können wir das nicht?« Jochen sagte, wir könnten uns das nicht leisten. Dagegen war nichts einzuwenden, aber ich erinnerte mich an ein Beispiel aus dem Buch »Kinder fordern uns heraus«. Ich sagte: »Ich bin bereit, DM 30,— vom Haushaltsgeld für ein Hotel beiseite zu legen.« Bert sagte, er würde DM 60,— beisteuern, und Stefan meinte, er könne noch DM 21,— von seinem Geburtstagsgeld dazutun. Das machte DM 111,—. Stefan schlug vor: »Sollen wir nicht auf dem Hinweg durchfahren und auf dem Rückweg, wenn wir weniger ausgeruht sind, in einem Hotel übernachten?« Jochen konnte die Übernachtung jetzt, nachdem wir das Geld angeboten hatten, nicht mehr ablehnen. Ich merkte, daß es für ihn eigentlich nicht um das Geld ging, sondern darum, durchfahren zu können.

In diesem Augenblick entdeckte Frau Stein, daß nicht das Geld der strittige Punkt war, sondern daß es darum ging, wer die Oberhand behalten würde. Solange ihr Mann die unzureichenden Mittel vorschieben konnte, gelang es ihm, unabhängig von den Wünschen der Familie und ohne Rücksicht auf deren Bequemlichkeit, seinen Willen durchzusetzen. Nachdem das Geld als Konfliktursache ausgeschieden war, zeigte es sich, daß es in Wirklichkeit um einen Herrschaftsanspruch ging.

Beim nächsten Familienrat legten wir wieder alle — außer Jochen — unsere Listen mit Pros und Contras vor. Diesmal ging es um den Hund. Nachdem wir alle unsere Gründe angegeben hatten, warum wir den Hund mitnehmen wollten, sagte Jochen, als er an der Reihe war: »Ich bin so entschieden dagegen, den Hund mitzunehmen, daß ich sogar bereit bin, für zwei Wochen seine Unterbringung im Tierheim zu bezahlen.« Stefan (damals neun Jahre alt) sagte: »Das ist ja interessant! Er ist nicht bereit, die Familie in einem Hotel unterzubringen, so daß wir bequem reisen könnten, aber er ist bereit, den Hund ins Tierheim zu geben, damit es für ihn selbst bequem ist.« Jochen war erschüttert und sagte: »Also, dann nehmen wir den Hund eben mit, aber ihr habt gehört, daß ich dagegen bin. Ihr sorgt für ihn, ich will damit nichts zu tun haben.« Da sagte Stefan: »Heute kann man hier ja alle möglichen Tricks lernen. Du brauchst nichts anderes zu machen, als dagegen zu sein, und später kannst du dann nachgeben, ohne für irgend etwas verantwortlich zu sein.« Jochen erkannte, daß das bezeichnend für ihn ist, und er sagte: »Du hast recht. Von jetzt ab teilen wir uns die Verantwortung für alles, worauf wir uns geeinigt haben.« Und so machen wir es jetzt.

Durch Experimentieren und mutiges Festhalten am Familienrat entdeckte diese Familie selbst die vier Prinzipien der Konfliktlösung, die in Kapitel 8 beschrieben sind: Entwicklung gegenseitiger Achtung, Klarstellung der Streitfrage, Suche nach Bereichen, in denen Übereinstimmung herrscht, und Teilung der Verantwortung.
In ihrem Bericht über die Auswirkung dieser Familienratssitzung schreibt Frau Stein weiter:

Diese Fahrt wurde für uns ein Präzedenzfall. Wir alle steuern jetzt oftmals Geld bei, um uns etwas leisten zu können, was uns das Familienbudget eigentlich nicht erlaubt. Wir haben uns einige Male großartig amüsiert. Wir überlegen uns im voraus, wofür wir unser Geld ausgeben wollen, und nehmen oft unseren Proviant mit, damit wir unser Geld für irgend etwas Besonderes ausgeben können. Beide Jungen haben viel praktischen Sinn entwikkelt: Sie rufen Hotels an, um Preise zu erfahren und Vergleiche anzustellen, und besorgen sich auch auf andere Weise Informationen. Wir haben angefangen zu campen, denn wir wollten an die Küste, konnten aber die Miete für ein Ferienhäuschen nicht aufbringen. Kurzum, der Familienrat hat unser Leben bereichert.

Auch in der Familie Clausen hat man gelernt, sich mit dem Umgang mit Geld zu befassen, so daß die Kinder ihre Erfahrungen ohne elterliches Predigen sammeln können. Bei der nachstehenden Versammlung geht es um die Möglichkeit, einen Go-Kart zu basteln. Obwohl der Vater offensichtlich von dem Projekt nicht begeistert ist, gelingt es ihm, die Vorschläge seiner Söhne zu respektieren, so daß er ihre Begeisterung kein einziges Mal beeinträchtigt.

Vater: Also, zunächst brauchen wir mal den Rahmen. Wir könnten das Material vielleicht für etwa fünfzehn Mark bekommen.
Michael: Das sag' ich ja. Das wäre das Wagengestell; dann brauchen wir ein Lenkrad.
Vater: Aber ich habe keine Lust, damit anzufangen, bevor . . .
Mutter: Wie wär's, wenn wir uns entscheiden würden zu warten, bis wir genug Geld haben, alle Teile zu kaufen, und erst dann anfangen, den Go-Kart zu bauen, aber nicht vorher. Sonst geht es oft so, daß man für neunzig Mark Räder kauft oder für hundertachtzig

Mark, und die Sachen liegen dann rum, bis man genug Geld für die restlichen Teile beisammen hat. Ist es nicht gewöhnlich so?

Die Mutter zeigt ihren Unwillen und ihre abwehrende Haltung. Sie will offensichtlich zu Hause keinen Go-Kart und erinnert gleich an alte, mißglückte Projekte. Sie bringt sich damit in die Rolle der Autorität, die weiß, welche Projekte notwendig oder angebracht sind, und dies hier findet ihre Billigung nicht. Der Vater ist nicht so voreilig.

Vater: Also, ich könnte mal bei einem dieser Händler anhalten und die Preise feststellen und zur nächsten Sitzung mit einem Gesamtkostenvoranschlag kommen.
Mutter: Ich dachte, das hätten wir schon bei der letzten Sitzung abgemacht.
Vater: Ich habe festgestellt, was die Räder kosten. Ich weiß aber nicht, was ein Sitz kostet oder ein Lenkrad. Alles andere muß sowieso selbst gemacht werden.
Michael: Also, das Lenkrad können wir in einem Fahrradgeschäft kaufen. Ihr kennt doch diese besondere Sorte Lenkräder fürs Fahrrad. Das würde gut gehen.
Mutter: Also, wie müssen wir vorgehen, um herauszufinden, wieviel Geld ihr braucht, um die notwendigen Teile zu kaufen?
Michael: Vater müßte mich zu etwa achtzehn Geschäften fahren.
Vater: Wir müssen uns überall umsehen. Am nächsten Wochenende könnten wir das machen.
Mutter: Ich stelle den Antrag, das erst einmal zu tun, bevor wir anfangen, den Go-Kart zu bauen.

Die Mutter ist so darauf bedacht, das Vorhaben zu bremsen, daß sie dem Plan des Vaters eigentlich gar nicht recht zuhört. Wie die meisten Menschen, sieht sie nur ihren eigenen Standpunkt, und sie ist so damit beschäftigt, ihn vorzubringen, daß sie inzwischen nicht hören kann, was die anderen sagen. Sie setzen ihre Diskussion fort und ignorieren ihren Antrag.

Michael: Wieviel kostet etwa ein Liegesitz? Peter hat für seinen Go-Kart einen Liegesitz genommen.
Vater: Ich habe keine Ahnung, wieviel.
Erich: Aber wir wollten doch gar keinen Liegesitz nehmen, Vater. Was wollen wir denn eigentlich?
Vater: Normalerweise nimmt man einen richtigen Sitz.
Erich: Streich den Liegesitz aus, wenn du ihn auf die Liste gesetzt hast.
Mutter: Ich bin nicht dafür, daß wir unsere Zeit beim Familienrat damit vertun, zu entscheiden, welche Teile wir brauchen.
Michael: O doch, aber ich.
Erich: Ich auch.
Vater: Na ja, der Grund, warum ich das vorgebracht habe, ist ...
Michael: Vater, wie machen wir das denn nun mit dem Go-Kart?
Vater: Am nächsten Samstag fahren wir rum und sehen uns die Teile an. Anstatt einkaufen zu gehen oder die Zeit mit Rumhängen zu vertun, werden wir uns um die Go-Kart-Teile kümmern.
Mutter: Gut, dann kommt ihr zur nächsten Sitzung mit den ...
Michael: Preisen.
Mutter: Mit den Preisen für alle Teile, die ihr braucht, um einen Go-Kart zusammenzubauen, wenn nicht mit allen, so doch mit dem größten Teil.

Obwohl die Mutter weiterhin versucht, die Sache zu einer Entscheidung zu bringen, ist der Vater entschlossen, verschiedene Möglichkeiten offenzuhalten.

Vater: Warum schaut ihr euch nicht mal die Zeitungsannoncen an und seht zu, ob ihr einen gebrauchten Go-Kart finden könnt. Wie Theo sagte, gab's da einen in seiner Nachbarschaft für hundertfünfundneunzig Mark, der ganz in Ordnung war.
Erich: Dann laß uns den kaufen.
Vater: Da brauchen wir aber erst die hundertfünfundneunzig Mark.

Michael: Das wären die Kosten für die Räder und den Rahmen, und dann müßten wir noch losgehen, um ...
Erich: Ich hab eine Idee. Ich kann ...
Michael: ... das Lenkrad und den Sitz und ...
Erich: Wir könnten die hundertfünfundneunzig Mark leicht bekommen. Wart' mal. Mit unseren ...
Michael: Mit unseren neunzig Mark. Wieviel würdest du dazutun zu den neunzig Mark?
Mutter: Ihr müßt erst mal feststellen, was es wirklich kosten würde. Wenn ihr drei dafür sparen würdet, käme auf jeden ein Drittel der Kosten, das wäre annehmbar.
Erich: Mama, könntest du einen Extrazuschuß dazutun, so fünfzehn Mark?
Mutter: Einen Extra-Was?
Erich: Einen Extrazuschuß. Fünfzehn Mark.
Mutter: Wie?
Erich: Einen Extrabetrag. Fünfzehn Mark.
Mutter: Ach so! Du meinst, ich sollte für den Go-Kart auch etwas beisteuern.

Sie zeigt, daß sie nicht recht zugehört, sondern sich lediglich auf ihren eigenen Standpunkt konzentriert hat. Aus ihren Worten ist zu erkennen, daß ihr der Gedanke, um einen Beitrag gebeten zu werden, unvorstellbar ist.

Erich: Na ja, nur so etwa — du nicht so viel — nur daß du mithilfst, die hundertfünfundneunzig Mark zusammenzubringen.
Michael: Wir haben nur — Vater — warte mal eben ...
Mutter: Ich weiß nicht.
Michael: Wir brauchen immer noch etwa einhundertfünf Mark.
Erich: Das ist eine gute Gelegenheit, Vater. Aber was ist, wenn wir hinkommen, und das Ding ist nicht mehr da?
Vater: Das versuche ich ja zu sagen. Wir haben das Geld nicht. So ist das ganze Thema ja erst aufgekommen. Wir haben kein System, für solche Fälle zu sparen.

Anstatt seinen Söhnen zu predigen, daß sie ihr Geld sparen sollten, anstatt es zu verschwenden, bezieht sich der Vater gleichermaßen mit ein und spricht von einem schwierigen Problem, an dessen Lösung sie gemeinsam arbeiten können. Er beschimpft sie nicht und setzt sie nicht herab, indem er etwas von ihnen erwartet, was sie doch nicht schaffen, sondern kommt mit einem Problem, das sie alle zusammen diskutieren können.

Michael: Also, Erich und ich haben angefangen. Wieder mal.
Mutter: Was ich ... — Ich habe es mit Vater zusammen aufgegriffen. Was ich sagen wollte ...

Die Mutter verfolgt ihren eigenen Weg und achtet immer noch nicht darauf, wohin die Diskussion läuft. Sie will den anderen erzählen, wie man die Dinge richtig macht.

Michael: Das Geld in unseren Sparbüchsen ist dafür bestimmt. Jetzt habe ich eine Idee. Wenn wir unsere Sparbüchsen öffnen, warum nehmen wir das Geld nicht heraus und legen es irgendwo an?
Mutter: Zum Beispiel auf eurem Sparkonto?
Michael: Nein, ich habe eine bessere Idee. Warum nehmen wir nicht das Geld aus meiner Sparbüchse raus und legen es in die andere Sparbüchse, immer wenn wir eine Mark extra haben oder so?
Erich: Ich hab' kein Geld.
Michael: Ich habe ein Fünf-Mark-Stück, Erich. Und immer wenn in der Dose zirka sechzig Mark sind, tun wir sie in die schwarze Sparbüchse. Wenn in der schwarzen Sparbüchse hundertfünfzig Mark sind ...
Erich: Vater, kannst du mir auch ein Fünf-Mark-Stück geben?
Michael: ... dann nehmen wir das Geld aus der schwarzen Sparbüchse und kaufen den Rahmen und das Lenkrad und ...
Mutter: Aber du weißt doch nicht, was diese Sachen kosten.
Michael: Wir werden das schätzen. Jetzt gleich.
Mutter: Ja.
Michael: Wenn wir hundertfünfzig Mark haben, fehlen uns für die Räder noch dreißig Mark.

Vater: Laßt uns das aufschieben, bis wir die Preise haben.

Diesmal hat der Vater den Streit entschärft, weil er sieht, daß die Mutter die ganze Sache niederschlagen will. Er hält an dem Plan fest, die derzeitigen Preise zu bekommen und sie dann zusammenzurechnen. Er hat noch einen anderen Grund:

Vater: Mir ist der Gedanke, zusammen einen Go-Kart zu bauen, lieber als der, einen zu kaufen, denn es wird uns Spaß machen, ihn gemeinsam zu bauen.
Erich: Ich möchte aber nicht so einen bauen wie Theo. Ihr habt das Ding ja gesehen.
Vater: Aber er funktioniert.
Erich: Na ja, noch. Ich möchte einen bauen, der ...
Mutter: Laß mal, immerhin, der hat einen und du nicht!

Hier kommt die Abwehrhaltung der Mutter wieder durch. Sie hat nicht nur fortwährend unterbrochen und versucht, die Pläne, die die anderen machten, zu vereiteln, sondern sie sucht sogar ihren Sohn lächerlich zu machen. Das ist respektlos ihm gegenüber und verstößt gegen das Konzept des Familienrats. Der Vater blieb bei einer demokratischen Haltung. Er ermutigte jeden zu sprechen, er hörte allen zu und äußerte sich so, daß er dadurch Freundlichkeit und Offenheit signalisierte.
Eine andere Quelle von Schwierigkeiten in jedem Hause ist die Verteilung der Arbeit. Wie wir im 9. Kapitel gesehen haben, kann man dieses Problem auf demokratische Weise nur so lösen, daß man alle an der Verantwortung beteiligt. Das ist schwierig, solange die Familienmitglieder die einzelnen Arbeiten noch als Aufgaben des Vaters oder der Mutter sehen und meinen, daß die anderen nur mal eben aushelfen.
Teilung der Verantwortung erfordert bei jedem einzelnen Verständnis für zwei Dinge: Die ganze Familie ist davon abhängig, daß jeder die Aufgabe erledigt, die er übernommen hat. Jeder muß seine Aufgaben nach besten Kräften erfüllen, und er wird nicht kritisiert,

wenn er es nicht perfekt macht. Teilung der Verantwortung erfordert außerdem, daß keine Arbeit höher eingeschätzt wird als irgendeine andere. Sobald eine Arbeit abgewertet wird, fühlt sich auch die Person abgewertet, die sie tut.

Aufgaben, die niemand will, bleiben am besten ungetan, so daß jeder sehen kann, ob sie wirklich notwendig sind oder nicht. Oft fühlt sich ein Elternteil — gewöhnlich die Mutter — auch weiterhin verantwortlich, überprüft die Arbeit, erledigt, was andere nicht getan haben, oder überarbeitet, was einem Kind nicht so tadellos gelungen ist. Ein klassisches Beispiel dafür ist das Bettenmachen. Ein Kind macht sein Bett auf seine Art. Wenn es zur Schule gegangen ist, geht die Mutter in sein Zimmer, macht sein Bett noch mal und richtet es so her, daß es hübsch ordentlich aussieht. Es besteht kaum eine Chance, daß dieses Kind es jemals lernen wird, sich um seine eigenen Sachen zu kümmern, solange es weiß, daß seine Mutter hinter ihm her arbeitet.

Eine Familie hat eine Liste der zu erledigenden Hausarbeiten am Kühlschrank angebracht. Gleich nach dem Treffen des Familienrats zeichnen die Familienmitglieder die Arbeiten ab, die sie übernehmen wollen. Seit alle begriffen haben, daß sämtliche Hausarbeiten erledigt werden müssen, »herrscht ein irrer Ansturm auf die leichtesten Arbeiten«, berichtet die Mutter. Freiheit der Wahl ist eine der stärksten Kräfte, um Familienmitglieder zu aktivieren.

Dem Alter der Kinder und den besonderen Bedingungen in der Familie entsprechend gibt es immer einige Arbeiten, die sie nicht alleine erledigen können. Das heißt nicht, daß ein Erwachsener sie übernehmen muß. Wieweit sich im Familienrat und im täglichen Leben eine Atmosphäre der Kooperation entwickelt hat, erweist sich bei der dann notwendigen Zusammenarbeit.

Die Familie Fabian zeigt uns, wie sie so etwas in Angriff nimmt. Bert und Laura haben fünf Kinder: Christian (11), die Zwillinge Juliane und Hanna (9), Dagmar (8) und Klaus ($4^1/_2$). Juliane, Hanna und Dagmar haben ein gemeinsames Zimmer, und natürlich gerät es in Unordnung und muß saubergemacht werden.

Juliane: Ich hab' mir mal was überlegt. Könnten wir nicht diese und nächste Woche unser Zimmer sauberhalten und dann vielleicht unsere Betten umstellen?
Dagmar: Und wir könnten versuchen, unser Zimmer etwa fünf Wochen lang sauberzuhalten.
Mutter: Ich meine, es ist recht gut gegangen, Dagmar. Es ist besser geworden, meinst du nicht? Ich finde das. Ihr könnt eure Freunde da haben. Ich finde, daß es ganz gut ging. Da wir schon darüber reden, die Betten umzustellen, kann ich noch etwas anderes zu diesem Thema vorbringen?
Dagmar: In Ordnung.
Mutter: Ihr wißt, manchmal macht jede von euch eine Woche lang allein sauber. Bewährt sich das? Findet ihr das gut so?
Hanna: Ich finde das nicht so gut.
Mutter: Also du nicht. Und was denkt ihr? Habt ihr eine bessere Idee? Was meint ihr dazu?
Dagmar: Wir hatten mal — einmal hatten wir abgemacht, daß jeder in seinem Bezirk an seinem Bett alle seine Sachen aufheben und alles wegräumen sollte, was da auf dem Boden lag, auch wenn es nicht die eigenen Sachen waren.
Mutter: Wie hat das funktioniert?
(Gekicher)
Mutter: Gut, was meint ihr? Wollt ihr das noch einmal probieren?
Alle: Ja.
Mutter: Oder wollt ihr das selbst untereinander ausmachen? Was meint ihr? Wir können jetzt darüber reden oder es so machen, wie ihr wollt.
Juliane: Ich möchte, daß wir das allein miteinander besprechen. Ich meine, wir könnten das selbst lösen.
Mutter: Ja, gut, warum versucht ihr es nicht bis zur nächsten Woche? Ich wollte noch etwas vorschlagen. Kann ich das jetzt tun? Ich habe mir gedacht: Jede von euch macht eine Woche lang sauber. Aber die schwereren Arbeiten — der Wandschrank, die oberen Regale, die Kommoden und die Fensterbänke, all diese Sachen er-

fordern eine Menge zusätzlicher Zeit, und sie müssen wirklich nicht jede Woche gemacht werden. Ich habe mir gedacht — da dazu auch das Schrubben gehört und verschiedene andere solcher Arbeiten — wie wäre es, wenn ihr drei Wochen lang ausprobieren würdet, wie ihr es machen wollt: so, wie ihr es bisher gemacht habt, oder alle drei gemeinsam oder wie auch immer. Dann in der vierten Woche würde ich euch helfen, und dann könnten wir auch eure Betten umstellen, vielleicht auch die Schubladen aufräumen, überlegen, welche Kleider in Ordnung gebracht werden müssen, die Bücher umstellen oder was sonst getan werden muß. Wie hört sich das an? Hättet ihr es gern, wenn ich euch einmal im Monat helfen würde, oder nicht? Was haltet ihr davon?

Hanna: Ich glaube, das hätte ich nicht gern.

Dagmar: Also, wenn jeder seine Woche hätte, würdest du der ersten von uns helfen, oder?

Mutter: Nein, ich würde euch erst in der vierten Woche helfen, wenn ihr alle drei drangewesen seid, und dann würden wir es in der vierten Woche alle gemeinsam machen.

Vater: Was ist der Sinn deiner Hilfe?

Mutter: Teilweise ist die Schrubberei — es ist sehr anstrengend, die Dielen zu schrubben mit den drei Betten und den zwei Kommoden im Zimmer, und sie stellen ihre Betten gerne häufig um. Ich muß das auf jeden Fall selber machen, und ich meine, es ist leichter für mich, wenn sie schon Ordnung gemacht und die Betten umgestellt haben — einmal im Monat — das ist einfach ein Teil von dem regulären Hausputz, den ich sowieso machen muß. Also, was meint ihr?

Juliane: Ich halte das für eine gute Lösung.

Mutter: Also gut. Warum versuchen wir es nicht? Warum fangen wir nicht nächste Woche an? Das wäre dann die Woche, in der ich euch helfe. Wir bringen alles in Ordnung, und danach könnt ihr dann beraten und entscheiden, wie ihr das übrige machen wollt.

Während der ganzen Diskussion hat die Mutter stets die Verantwortung ihrer Töchter für den Teil der Arbeit, den sie tun können, anerkannt und für den schwierigen Teil selbst die Verantwortung übernommen. Die kooperative Haltung spiegelt sich in jeder Aussage. Natürlich läßt die Durchführung der Arbeiten auch mal zu wünschen übrig, und Mütter können dann ärgerlich werden. Frau Gärtner bringt ihre Unzufriedenheit zur Sprache.

Mutter: Ich habe etwas zu den Arbeiten zu sagen. Ihr wißt, daß Vater neulich nicht zu Hause war, und es scheint so, daß die ganze Familienordnung außer Kraft tritt, wenn Vater nicht zu Hause ist. Es wird alles nur halb gemacht.
Gudula: Ich muß mich nur um den Abfall kümmern, und das mache ich morgens in einer Sekunde.
Mutter: Also rede ich wohl eigentlich mit dir, Dieter.
Vater: Du findest nicht, daß es deine Aufgabe ist, überall einzuspringen?
Dieter: Na ja, manchmal gehen wir auch in ein Restaurant.
Mutter: Ich rede nicht davon, wenn wir in ein Restaurant gehen. Ich rede davon, wenn wir zu Hause sind. Wenn Vater für ein paar Tage wegfährt und wir zu Hause bleiben, ist es doch so, nicht wahr: Ihr kommt runter und eßt und verschwindet, und die paar Teller bleiben stehen, und ihr seht einfach nicht auf die Liste. Wir sind übereingekommen, daß das nichts ausmacht, solange einer für den anderen einspringt. Das ist in Ordnung, aber ich will nicht immer diejenige sein, die einspringen muß. Ich glaube, ich sollte das nächste Mal die Sachen einfach stehenlassen. Wenn ich alles selber machen muß, ist es zuviel.

Die Mutter ist in die Falle gegangen. Sie redet wie die typische »gute Mutter«, der niemand bei ihrer harten Arbeit hilft. Die Hausarbeit ist nicht etwas, wofür jeder die Verantwortung trägt, sondern jeder hilft nur, um die Mutter zu entlasten. Und sie droht, anstatt zu handeln. Gegen ihren Mann hört man einen Vorwurf heraus, weil sich die Familienordnung auflöst, wenn er von zu Hause weg ist. Wenn die Kinder etwas begreifen sollen, darf sie nicht

mehr einspringen. Statt dessen droht sie mit dem »nächsten Mal«, und die Kinder wissen sehr gut, daß es eben nur eine Drohung ist.
Dieter: Na ja, du kannst uns ja erinnern.
Mutter: Ich finde nicht, daß ich euch erinnern sollte. Ihr seid doch wohl in der Lage, selbst daran zu denken.
Dieter: Manchmal vergessen wir es, dann könntest du uns erinnern.
Mutter: Nein.
Dieter: Was, das kannst du nicht?
Mutter: Nein.
Dieter: Wieso kannst du das nicht?
Mutter: Weil es eure Sache ist, an eure Aufgaben zu denken.
Dieter: Na hör mal, wir erinnern dich doch auch, warum kannst du uns dann nicht erinnern?
Mutter: Ich glaube, es ist nicht nötig, noch länger darüber zu reden. Ihr seid alt genug und solltet genug Verantwortungsgefühl haben, um selbst daran zu denken. Wenn ihr wirklich daran denken wollt, dann werdet ihr das auch tun.

Die Mutter vergißt, daß er so lange nicht daran denken wird, solange sie immer noch bereit ist, selber zu tun, was getan werden muß. Nur dadurch, daß er die Konsequenzen zu spüren bekommt, wird Dieter oder ein anderes Kind etwas lernen. Bisher hat er nur gelernt, daß es nicht wirklich wichtig ist, ob er das tut, was er übernommen hat, oder nicht. Die Mutter wird schon »einspringen«. Seine Bitte, erinnert zu werden, ist nur eine andere Art, ihre Dienste in Anspruch zu nehmen. Sie verweigert ihm zwar den Dienst, ihn zu erinnern, erweist ihm aber weiter den Dienst, seine Arbeit zu erledigen.

DER GLEICHWERTIGKEIT NÄHERKOMMEN

Gleichwertigkeit ist das Ideal, nach dem wir streben. Es ist sehr schwer zu erreichen und, wie andere Ideale, schwer zu definieren. Hin und wieder gelingt es, Gleichwertigkeit zu verwirklichen, dann wird Harmonie spürbar und viele ärgerliche Probleme finden eine Lösung. Gewöhnlich jedoch ringen wir in unseren Familien um diesen Zustand.

Bei unserer Arbeit mit Familien sind wir immer wieder beeindruckt von den Veränderungen, die Familienmitglieder durchmachen können, und von dem Gewinn, der ihnen daraus erwächst. Nach einer gewissen Zeit stellen Familien, die einen Familienrat abhalten, fest, daß Demokratie sich in dem Maße entwickelt, wie autoritäre Strukturen verschwinden. Manchmal werden auch hier die alten Gewohnheiten wieder zum Vorschein kommen, aber genauso, wie Familienmitglieder eine demokratische Lebensweise lernen, genauso lernen sie auch, mit dem Auftauchen alter Verhaltensmuster fertigzuwerden.

Wir haben für die Leser dieses Buches nach einem Beispiel für eine ideale Familienratssitzung gesucht. Dabei stellten wir fest, daß es dieses Ideal gar nicht gibt. Wir legen nun die Niederschrift eines Familienrats vor, in dem es um das heikle Thema eines eigenen Fernsehgerätes zweier Jungen ging. Gewiß befindet sich diese Familie auf dem besten Wege in Richtung auf Demokratie und Gleichwertigkeit.

Mutter: Habt ihr irgend etwas, was ihr diskutieren möchtet?
Michael: Na ja, den Fernseher oben.
Vater: Das ist ein gutes Thema. Es scheint, daß wir einen Fernseher bekommen haben, ohne daß wir vorher wirklich eine Chance hat-

ten, das zu diskutieren. So sollten wir jetzt erst mal über die Frage sprechen: »Ist es richtig, daß die Jungen einen Fernseher in ihrem Zimmer haben?«
Erich: Ja klar, warum nicht?
Vater: Früher war ich dagegen, einen Fernseher da oben zu haben, und zwar aus verschiedenen Gründen. Ich will meine Gründe vorbringen, dann können wir im weiteren Gespräch davon ausgehen. Wir haben den Fernseher jetzt, und daran läßt sich nicht viel ändern. Er war ein Geschenk, und da steht er nun. Ich hatte nichts dafür übrig, weil ich mich mit der Vorstellung nicht anfreunden konnte, daß die Jungen ihre ganze Zeit mit Fernsehen in ihrem Zimmer verbringen würden und so keine richtigen Familienmitglieder mehr wären.
Michael: Moment mal. Meistens sehen wir nach dem Zubettgehen fern; manchmal auch am Tag, aber nicht sehr oft.
Mutter: Obwohl wir es nie besprochen haben, haben wir keine wirklichen Probleme damit gehabt.
Vater: Warte noch, ich bin noch nicht fertig. Ich sage nicht, daß ich das Fernsehen nicht will ... Ich sprach von den Gründen, warum ich es nicht wollte. Ich hatte die Vorstellung, wenn oben ein Fernseher stünde, hätten die Jungen dauernd den Wunsch, raufzugehen, um dort fernzusehen, und gehörten gar nicht mehr richtig zur Familie. Und ich meine, Fernsehen sollte eine Sache der ganzen Familie bleiben, und wir sollten uns gemeinsam ein Programm ansehen.
Mutter: Gut.
Vater: Ich wollte nicht, daß es so kommen würde. Es ist nicht so gekommen. Ich bin froh, daß es nicht so gekommen ist. Aber das ist der Grund, warum ich dagegen war. Jetzt, wo wir den Fernseher schon etwa eine Woche haben, stellt er eigentlich kein großes Problem dar, und wenn die Jungen bereit sind, einige Regeln aufzustellen, so daß wir wissen ...
Erich: Wir wissen, es ist unsere Sache das Gerät auszuschalten; es ist unsere Sache, es abzustellen, wenn wir nicht fernsehen, nicht zu

lange wachzubleiben wegen dem Fernsehen und darauf zu achten, daß es nicht zu laut ist und solche Sachen. Wir lassen es schon nicht an.

Vater: Meine größte Sorge ist, daß ihr den Fernseher die ganze Nacht über anlaßt. Das ist meine größte Sorge.

Mutter: Ja, besonders, wenn wir nicht zu Hause sind.

Erich: Na ja, es ist noch nicht passiert.

Mutter: Richtig. Bisher haben wir keine Probleme damit gehabt. Ihr seid wirklich gut damit umgegangen. Wir hatten nur Freude damit.

Erich: Es wird wahrscheinlich auch nicht passieren.

Mutter: Michael, wolltest du was Bestimmtes wegen des Fernsehers zur Sprache bringen?

Michael: Ich wollte wissen, ob du statt einer zwei Fernsehzeitungen kaufen könntest, eine für den Fernseher unten und eine für den oben.

Mutter: Das ist ein guter Gedanke, denn in der letzten Woche haben wir unser Fernsehprogramm vermißt.

Erich: Aber was ist, wenn sie das Fernsehprogramm nicht kauft?

Mutter: Mit der Post ist ein Sonderangebot für ein Programmheft gekommen, hier ist es. Schaut euch das an und seht mal zu, was ihr meint. Wenn ihr das Angebot bestellt und bezahlt, bekommt ihr ein wöchentliches Programm, das kostet euch, ich glaube, eine Mark zwanzig oder so im Laden. Wenn ihr die Wochenendausgabe der Tageszeitung kauft, um das Fernsehprogramm zu bekommen, kostet es eine Mark fünfzig. Wenn ihr es nach diesem Angebot bestellt, macht es nur eine Mark pro Exemplar. Außerdem habt ihr dann den Vorteil, daß das Exemplar jede Woche mit der Post ins Haus kommt, so daß ihr nicht ins Geschäft gehen müßt, um es zu holen.

Michael: Das könnten wir uns schon leisten, es ist nicht sehr viel.

Erich: Ist das alles, was wir dafür bezahlen müssen? DM 28,— müßten wir zahlen, und dann heißt es kleingedruckt hier unten: »Bitte senden Sie mir die nächsten 52 Wochenausgaben des Fernsehprogramms für nur DM 52,— zu« usw. usw. usw.

Mutter: Denk dran, der Preis von DM 28,— bezieht sich nicht auf ein ganzes Jahr.
Michael: Na klar, das weiß ich — für 26 Wochen. Das wären — 52 sind ein ganzes Jahr.
Mutter: Richtig. Dann ist es für ein Jahr sogar noch ein bißchen günstiger.
Michael: Das wären also 52 Mark.
Mutter: Stimmt. Meinst du, ihr beide würdet es schaffen, jeder 26 Mark für das Abonnement zusammenzukratzen?
Michael: Ja. Ich könnte es.
Erich: Wie lange geht das für unsere 26 Mark?
Mutter: Ein Jahr. Ihr bekommt 52 Ausgaben.
Michael: Wann läuft das Angebot ab?
Mutter: Nun, es endet nach einem Jahr, vom Datum der Bestellung ab.
Erich: Nein, was ich meine, ist, wann fängt man an, das Geld einzuschicken?
Vater: Du zahlst gleich alles auf einmal.
Erich: Nein, ich meine das so. Ihr sagt, ihr habt das gestern bekommen, wann ist dann der letzte Einsendetermin?
Mutter: Aha, ich verstehe, was du meinst.
Michael: Von einem Stichtag steht hier nichts.
Mutter: Ich nehme an, es gibt da keine Frist.
Michael: Wir bekämen unser eigenes Fernsehprogramm für nur 26 Mark ein ganzes Jahr lang, Erich.
Vater: Ist es billiger, es so zu machen, als die Zeitung zu benutzen?
Mutter: Ja, denn die Wochenendausgabe der Zeitung kostet DM 1,50.
Vater: Ja, aber wir bekommen jeden Tag eine Zeitung.
Mutter: Aber da ist kein Fernsehprogramm drin. Das ist nur in der Samstagausgabe, und die ist . . .
Vater: Es gibt in jeder Ausgabe einen Fernsehteil.
Erich: Aber ich hab' keine Lust, immer nach dem Fernsehteil zu suchen.

Mutter: In der Samstagausgabe ist das Fernsehprogramm, das wir selbst im Wohnzimmer benutzen.
Vater: Dies hier?
Mutter: Nein, die Beilage in der Samstagszeitung.
Vater: Nein, ich rede von der Tageszeitung. Sie hat einen täglichen Veranstaltungskalender und ein tägliches Radio- und Fernsehprogramm.
Mutter: Jetzt weiß ich, was du meinst.
Vater: Ja, und wenn sie das benutzen würden, könnten sie viel Geld sparen.
Mutter: Das stimmt. Daran hab' ich gar nicht gedacht. Ihr wißt, das tägliche Fernsehprogramm kommt doch jeden Tag in der Zeitung.
Michael: Ja schon, aber . . .
Vater: Sicher, 26 Mark für jeden, das scheint nicht viel zu sein, außer ihr müßt das alles auf einmal zusammenbringen.
Mutter: Ja, und dann müßten sie sich auch eine Zahlkarte besorgen.
Vater: Nein, ich würde ihnen gern einen Scheck überlassen, wenn sie mir das Geld geben.
Mutter: In Ordnung. Was knobelst du gerade aus, Michael, die Kosten per Ausgabe?
Vater: Er rechnet aus, was das Ganze bei DM 1,20 kosten würde.
Michael: Das wären DM 62,40. Wir könnten DM 10,40 sparen.
Mutter: Also, ihr entscheidet.
Michael: Es ist nicht viel, aber wenn man das Jahr für Jahr so macht, könnte man doch eine Menge sparen.
Mutter: Ich glaub' das nicht, denn dies ist ein Werbeangebot, darum ist es billiger. Wenn wir es erneuern würden, wäre es sicher schon anders. Es würde bestimmt mehr kosten.
Michael: Vielleicht.
Vater: Ich lese gerade nach. Wenn ihr 26 nähmt . . . wären das im Werbeangebot DM 28,—. Wenn es euch nicht gefällt und ihr es nicht länger haben wollt, könnt ihr es abbestellen.
Michael: Also, warum machen wir das nicht.
Erich: Warum nehmen wir es nicht für einsfünfzig aus der Zeitung?

Vater: Wenn ihr eine andere Zeitung kaufen wollt, würde euch das DM 1,50 kosten, aber wenn ihr die Zeitung benutzen würdet, die jeden Tag kommt ...

Erich: Nein, das würde mir keinen Spaß machen, denn ihr kauft mir ja keine eigene Zeitung. Und es ist schon lästig genug für mich, da drin den Sportteil zu finden oder so was.

Michael: Also, Erich und ich werden zusammenlegen und das Geld zählen und es einschicken.

Mutter: Bist du damit einverstanden, Erich?

Erich: Klar.

Vater: Ihr Jungs wollt also die 26 Ausgaben auf Probe nehmen, so daß ihr was anderes machen könnt, wenn euch das nicht gefällt.

Mutter: Das klingt gut.

Vater: Es gibt eigentlich keinen Grund, warum sie die gemeinsame Fernsehzeitung nicht mehr benutzen sollten, aber wenn sie die mit nach oben nehmen, dann gibt's für alle nur Ärger.

Erich: Nur, wenn wir sie nicht wieder runterbringen.

Mutter: Genau das passierte aber in der ersten Woche. Nicht nur, daß sie sie mit nach oben genommen haben, sondern sie ist auch noch verlorengegangen. So hatte in dieser Woche keiner ein Programm, auch wir nicht. Sie haben den Wunsch geäußert, ein eigenes Programm zu haben, deshalb hab' ich das Werbeangebot aufgehoben. Es kam mit der Zeitung oder so — ich weiß nicht mehr.

Vater: Ich würde gern noch etwas anderes, was den Fernseher betrifft, zur Sprache bringen. Da es schon ein altes Gerät ist, kann es jederzeit kaputtgehen.

Michael: Dann darf keiner enttäuscht sein.

Vater: Wenn es wirklich kaputtgeht, möchte ich nur, daß ihr versteht, Jungens, daß ich mich nicht dafür zuständig fühle, es zu reparieren oder die Reparatur zu bezahlen.

Michael: Ja, ja, weißt du noch, wie klar das Bild war, als wir ihn bekamen? Jetzt ist es ein bißchen unscharf.

Vater: Nun, da kann man nichts machen. Sogar das Bild unseres großen Fernsehers ist ein bißchen verschwommen.

Michael: Klar, aber der große Kasten tut es ja auch schon so lang.
Vater: Ich sage ja auch nur, daß, wenn euer Gerät kaputtgeht ...
Mutter: Euer Gerät ist eben auch alt.
Vater: Irgendwann muß es mal repariert werden.
Michael: Dann ist es unsere Sache, es in Ordnung zu bringen.
Vater: Es ist euer Gerät, also müßt ihr das Geld dafür aufbringen, Jungens, so sehe ich das.
Michael: Na ja, wie ...
Mutter: Vielleicht nicht ...
Michael: Wieviel würdest du verlangen?
Mutter: Das hängt davon ab, wieviel es kosten würde.
Michael: Wieviel würde es denn kosten?
Mutter: Vielleicht braucht ihr nicht alles zu bezahlen. Vielleicht könnten wir es anteilmäßig machen, je nachdem, was die Reparatur kostet.
Michael: Wie hoch wäre denn nun so eine Reparaturrechnung?
Mutter: Es wäre billiger, wenn du ein transportables Gerät hättest, dann könntest du es ins Geschäft bringen, anstatt daß der Kundendienst zu dir ins Haus kommen müßte ...
Erich: Das kostet mehr Geld.
Mutter: Richtig, du brauchtest den Kundendienstbesuch nicht zu bezahlen, einen Mann, der extra herkommt.
Michael: Muß man für das Benzin bezahlen, das er verbraucht, und für den Wagen und für alles?
Vater: Das ist ein weiterer Grund dafür, daß es besser ist, wenn man das Gerät nachts nicht anläßt.
Michael: Wenn der Fernseher zu heiß wird oder so, dann ist er hin.
Vater: Wenn er kaputt ist, würdet ihr ziemliche Ausgaben haben.
Michael: Und du würdest die nicht bezahlen.
Vater: Ungern, denn ihr wißt ja, wie ich über das Fernsehen überhaupt denke.
Mutter: Gut, wir müssen dann sehen, was wir machen, wenn es soweit ist.
Michael: Wenn es jemals soweit kommt.

Mutter: Stimmt. Der Apparat kann es noch lange machen, er kann aber auch schon in der nächsten Woche kaputtgehen. Bei Fernsehern weiß man das nie.

Michael: Das weißt du auch bei anderen Sachen nicht.

Mutter: Das ist richtig.

Michael: Aber es ist ein guter Fernseher. Es ist nicht so ein billiger wie der, den wir früher hatten. Es ist ein gutes Fabrikat.

Mutter: Das erinnert mich an etwas. Wie ist das mit Karl? Macht er auch Reparaturen, oder arbeitet er nur im Büro?

Vater: Sie verkaufen nur Fernseher, aber vielleicht könnte er trotzdem etwas für uns tun. Ich weiß nicht.

Mutter: Vielleicht weiß er eine gute Firma mit Kundendienst aus der Gegend, die das Fabrikat vertritt.

Michael: Oder wenn er das nicht weiß, könnte er ein Verzeichnis besorgen.

Mutter: Das stimmt. Abgesehen davon sehe ich keine besonderen Probleme auf uns zukommen, nur weil oben ein Fernseher steht. Ich meine, daß die Jungen glücklich damit sind, und daß er unser gutes Familienleben nicht beeinträchtigt hat.

Vater: Gerade darüber habe ich mir Sorgen gemacht. Ich dachte, wenn die Jungen aus der Schule kommen, würden sie gleich nach oben gehen, und wir würden sie bis zum Abendessen nicht mehr zu Gesicht bekommen, und dann würden sie wieder nach oben verschwinden, aber ich bin froh ...

Erich: Wir haben das nicht ein einziges Mal gemacht.

Vater: Ich freue mich, daß sie runterkamen und sich zu uns setzten beim Fernsehen.

Mutter: Und die Jungen haben ein gutes Argument. Manchmal haben wir Gäste oder so. Dann ist es wirklich früh für sie, raufzugehen, wenn sie normalerweise fernsehen könnten.

Vater: Ja, dann ist es vielleicht gut, daß es so gekommen ist. Wenn wir darüber diskutiert hätten, bevor wir den Apparat bekamen, hätten wir ihn vielleicht heute nicht. Da wir ihn so unverhofft bekommen haben, hat sich das Problem von selbst gelöst.

Michael: Sicher auch, weil Oma uns gesagt hat: »Geht mit dem Fernseher vernünftig um!«
Vater: Also, das ist alles, was ich zu dem Thema zu sagen habe.
Mutter: Hast du noch irgend etwas, Erich?
Erich: Mmmm.
Mutter: Vater sagte, er wäre bereit, einen Scheck auszuschreiben, wenn ihr ihm das Geld gebt; also, wenn ihr damit kommt, wird er euch einen Scheck ausschreiben.
Michael: Ja, ich kann es gleich holen.
Mutter: In Ordnung. Hast du noch irgend etwas anderes?
Michael: Nein, ich glaube nicht.
Mutter: Kann ich dann einen Antrag auf Beendigung der Sitzung stellen?
Michael: Ich stelle einen Antrag auf Beendigung.
Erich: Ich auch.
Mutter: In Ordnung, dann ist die Sitzung beendet.

Die ganze Versammlung dauerte etwa zwanzig Minuten und beschäftigte sich nur mit einem Thema. Hier wird sichtbar, daß diese Familie die Kunst der freundlichen Diskussion gelernt hat. Die Eltern gaben keine Befehle, die Kinder stellten keine Forderungen. Das unerwartete Geschenk hätte dazu führen können, daß die Eltern Anordnungen getroffen, die Kinder nach Privilegien geschrien und sich eine ganze Serie von Familienkonflikten daraus ergeben hätte. In der Familie Clausen, der wir schon verschiedentlich in diesem Buch begegnet sind, wurde dies Problem in einer ruhigen Weise behandelt, wobei die Familienmitglieder sich trotzdem gegenseitig mit ihren Ansichten konfrontierten.
Es mag sein, daß das Protokoll dieses Familienrats, im Vergleich mit anderen, dramatischeren Sitzungen, die wir aufgezeichnet haben, eine etwas spannungslose Lektüre war. Das ist jedoch genau der Grund, warum wir es hier einbezogen haben. Wenn nämlich eine Familie es gelernt hat, mit dem Familienrat zu leben, verrin-

gern sich die Spannungen, die Auseinandersetzungen werden seltener, und die Sitzungen verlaufen in einer ruhigen Atmosphäre. Das gehört zu dem Prozeß, in dessen Verlauf eine Familie durch demokratische Arbeit im Familienrat harmonischere Beziehungen entwickelt.

FRAGEN, DIE ELTERN STELLEN — UND ANTWORTEN

Dieses Buch wurde auf Veranlassung von Eltern geschrieben, die sich vom Familienrat ein harmonischeres Familienleben erhoffen. Wir haben versucht, jeden Aspekt des Was, Warum, Wann, Wo, Wer und Wie zu beleuchten. Trotzdem bleiben vielleicht noch Fragen, auf die Sie keine Antwort gefunden haben.

Aus diesem Grunde haben wir im folgenden Kapitel einige der Fragen aufgeführt, die uns am häufigsten gestellt werden, und darauf unsere Antworten gegeben. Wie Sie feststellen werden, hängen diese Fragen mit den Alltäglichkeiten des Familienlebens zusammen, denn Familien können besser mit einer akuten Krise fertigwerden als mit dem täglichen Ärger. Die Frage, wer täglich den Müll rauszubringen hat, macht oft größere Schwierigkeiten als die Bewältigung einer unmittelbar drohenden Gefahr. Angesichts einer Gefahr von außen kann die Familie sich schnell einig werden und gemeinsam vorgehen.

Unsere Fragen und Antworten werden Sie vielleicht nicht voll zufriedenstellen, denn dieser Abschnitt muß sich notwendigerweise mit allgemeinen Fragen beschäftigen, die für jede Familie Geltung haben. Eine eingehende Kenntnis der Prinzipien der Adlerschen Psychologie kann Ihnen die Voraussetzungen vermitteln, um mit Ihrer speziellen Situation fertigzuwerden. Wenn Sie wollen, können Sie dieses Kapitel als eine Wiederholung betrachten oder als einen Test, um zu sehen, wie gut Sie das Konzept der Gleichwertigkeit, wie es im Familienrat praktiziert wird, in den Griff bekommen haben. Wenn Sie eine Frage gelesen haben, versuchen Sie, die Antwort selbst zu geben. Wenn Ihnen beim Lesen der Antwort die Sache noch nicht klar ist, blättern Sie zu dem Kapitel zurück, in dem sie mit größerer Ausführlichkeit behandelt ist.

Schließlich kommt Erkenntnis nur aus Erfahrung. Wirkliches Verstehen kann nur die Praxis vermitteln. Um mehr darüber zu erfahren, wie der Familienrat funktioniert, fangen Sie an, damit zu arbeiten, und beobachten Sie, was geschieht.
Unter den folgenden Überschriften können Sie Fragen finden, die Eltern immer wieder stellen.

Wer

1. Ist der Familienrat nur für Familien mit Problemen geeignet?

Der Familienrat ist in der Familienberatung entwickelt worden. Eltern kommen zu den Erziehungsberatungsstellen, um zu lernen, wie sie mit ihren Kindern besser zurechtkommen können. Der Familienrat ist eine Möglichkeit, mit Kindern demokratischer umzugehen.
Weil der Familienrat sich bei dem Versuch, Konflikte zwischen Eltern und Kindern zu vermindern, so sehr bewährte, wurde er auch von vielen anderen Familien mit den üblichen alltäglichen Problemen übernommen und weiterentwickelt.
Es ist eine weitverbreitete Vorstellung, Eltern und Kinder müßten in verschiedenen Lagern stehen, und ihre Ansichten seien so verschieden, daß sie zwangsläufig zu ständigen Konflikten führen müßten.
Obwohl es zunehmend deutlich wird, daß eine autokratische Ordnung heutzutage nicht mehr funktioniert, versuchen viele Eltern noch immer, ihre Kinder zu beherrschen, indem sie Befehle geben, Entscheidungen treffen, strafen und drohen.
Wir glauben, daß Rivalität menschliche Beziehungen zerstört, und daß andererseits in einer Atmosphäre der Kooperation die Menschen sich entfalten können. Deshalb kann jede Familie, die mit dem Familienrat arbeitet, die volle Leistungsfähigkeit der einzelnen Mitglieder wie auch der Familie als ganzer erreichen.

2. Braucht jede Familie einen Familienrat?

Nein, aber jede Familie kann davon profitieren, wenn der Familienrat zu einem Teil ihres Lebens wird. In Familien, in denen es Konflikte gibt, in denen die Beziehungen gestört sind oder die Kommunikation unterbrochen ist, kann ein Familienrat helfen, die Situation zu verbessern.

3. Wäre es möglich, daß Ehepartner zu zweit einen Familienrat abhalten, bevor Kinder da sind oder bevor die Kinder alt genug sind, um teilzunehmen?

Das ist eine Möglichkeit, die bisher noch nicht ausprobiert worden ist, es gibt jedoch keinen Grund, warum das nicht funktionieren sollte. In den meisten Ehen kann sich ein Partner leichter mitteilen als der andere, oder ein Partner ist daran gewöhnt, sich dem anderen unterzuordnen. Das ist sogar in Partnerschaften der Fall, die nicht durch das Gesetz gebunden sind. Auch hier sagt oft ein Partner dem anderen, was getan wird, entweder offen oder in versteckter Form.
Wenn die beiden Partner mehr Gleichwertigkeit erreichen wollen, um partnerschaftlicher zusammenzuleben, könnte es eine große Hilfe sein, regelmäßige Zusammenkünfte abzuhalten, um gemeinsam bessere Lösungen zu erzielen. Die Treffen würden Gelegenheit bieten zu einem genauen Zuhören, zu einer fairen verbalen Kommunikation und einer eingehenden Überprüfung, ob und wie die Verantwortung zwischen den Partnern geteilt wird.
Auf diese Weise hat sich dann bereits ein Klima der Gleichwertigkeit entwickelt, wenn Kinder hinzukommen, und es kann eine demokratische Familienatmosphäre entstehen.

4. Mein Mann (oder meine Frau) möchte keinen Familienrat. Sollte ich es trotzdem versuchen?

Wenn es in der Familie auch nur einen weiteren Menschen gibt, mit dem Sie sich zusammensetzen können, tun Sie es. Wenn Sie gewillt sind, offen zu sein, zuzuhören, andere als gleichwertig zu behandeln und nicht den Chef zu spielen, zögern Sie nicht, halten Sie die Sitzungen ab. Wenn eine Person in der Familie ihr Verhalten ändert, ändert sich das gesamte Klima in der Familie, und der Weg für weitere Veränderungen ist offen. Es ist jedoch wichtig, daß der Ehepartner, der sich entschieden hat, nicht mitzumachen, mit Achtung behandelt wird. Wohl können Entscheidungen gefällt werden, die den Betreffenden nicht mit einbeziehen; wenn der Familienrat aber dazu benutzt wird, sich an dem, der nicht mitmachen will, zu rächen, kann nichts Gutes daraus werden.

5. Ich bin eine alleinstehende Mutter (ein alleinstehender Vater) mit einem Kind. Kann ich einen Familienrat einrichten?

Die Antwort ist wieder: ja. Betrachten Sie den Familienrat als ein Übungsfeld, um Gleichwertigkeit zu lernen. Wenn nur zwei Menschen aufeinander bezogen sind, ist die Gefahr groß, daß einer die Oberhand bekommt. Manchmal ist es der Vater (die Mutter), der die Befehle gibt, genausooft jedoch ist es das Kind, das Vater oder Mutter trainiert hat, zu tun, was es will.

Sollen wir den Familienrat auch abhalten, wenn Besuch da ist?

Wenn Besuch da ist, entscheiden alle Familienmitglieder, ob der Familienrat wie üblich abgehalten oder auf eine andere Zeit verlegt werden soll. Wir möchten dringend empfehlen, ihn wie gewöhnlich stattfinden zu lassen. Dies ist eine gute Gelegenheit, anderen einen Einblick in den Familienrat zu geben, was er bedeutet, und wie er funktioniert; Ihre Gäste werden sich wahrscheinlich dafür interessieren. Wenn sie länger als einen oder zwei Tage mit der Familie leben, sollte man sie sogar zur Teilnahme ermutigen.

Alter

1. Wie alt sollten die Kinder sein, bevor ein Familienrat eingerichtet werden kann?

Es gibt kein Mindestalter, aber damit der Familienrat Erfolg haben kann, sollte mindestens ein Kind sich sprachlich verständigen können. Bevor das älteste Kind seine Vorstellungen nicht mit Worten ausdrücken kann, hat es keinen Sinn, die jüngeren Kinder am Familienrat teilnehmen zu lassen. Wenn jedoch größere Kinder da sind, kann auch schon ein Kleinkind in den Familienrat mitgenommen werden, um zuzuhören und zu beobachten.

2. Kann man einen Familienrat einrichten, wenn es sich bei den Kindern um Jugendliche handelt, die sogar schon teilweise unabhängig sind?

Sicherlich. Das ist die Zeit im Leben junger Menschen, in der es notwendig für sie ist, sich von den Eltern zu lösen. Dies ist eine ideale Zeit, demokratisches Verhalten zu lernen. Gerade in diesem Alter können die Kinder eine Menge zu den Diskussionen über die familiäre Situation beitragen, und sie haben Gewohnheiten und Pläne, die eine ganze Familie in Spannung halten können. Der Familienrat ist ein gutes Übungsfeld, um Möglichkeiten der Kooperation auszuprobieren, die jedem zu mehr Zufriedenheit verhelfen können.

Zeit

Wie lange sollte eine Familienratssitzung dauern?
Was kann man sagen, wenn es Zeit ist, Schluß zu machen?

Es gibt keine Vorschriften für die Dauer einer Sitzung. Wichtiger ist, daß keine einzelne Person zu entscheiden hat, wie lange die Sitzung dauern soll. Die Zeit, die eine Familie bei einer Sitzung zusammen verbringt, ist in das Ermessen der ganzen Gruppe gestellt. Das Wichtigste ist vielleicht, zu erwähnen, daß kein Elternteil versuchen sollte, eine Sitzung zu verlängern, wenn die anderen das Interesse daran verloren haben. Das ist eine der Fragen, die die ganze Gruppe als eine ihrer ersten Aufgaben in Angriff nehmen kann. Wenn über die Spielregeln, über Datum und Uhrzeit der Familiensitzungen diskutiert wird, kann die Gruppe auch eine Zeitdauer festsetzen.

Inhalt

1. Wie entscheidet man, welche Probleme im Familienrat vorgebracht werden sollen?

Sie sollten nur dann ein Problem vorbringen, wenn Sie ehrlich glauben, daß Sie an einem Lösungsvorschlag interessiert sind, und daß Sie diesen auch ausprobieren wollen. Wenn ein Elternteil ein Problem in der Hoffnung anschneidet, daß die Kinder gleicher Ansicht sind und seinen Standpunkt vertreten, hat das keinen Sinn.

2. Welche Angelegenheiten können vorgebracht werden?

Alles, was die Familie als Ganzes betrifft. Zum Beispiel:
Gemeinsame Vergnügungen: Spiele, Parties, Picknicks, Ferien.
Beziehungen innerhalb der Familie: Vorschriften, Regeln, Verfahrensweisen.

Arbeit der Familie: Beruf, Pläne, Haushalt, Hilfeleistungen, Arbeiten außerhalb des Hauses.
Geldangelegenheiten: Ausgaben, Taschengeld, Geschenke, Anschaffungen.
Probleme: Konflikte, Schwierigkeiten.
Pläne: Berufliche Veränderungen, Wohnungswechsel, Gäste, Erziehung, Teilnahme am öffentlichen Leben.

3. Was sollte bei den Familienratssitzungen nicht vorgebracht werden?

Alles, was Eltern als ihre private Sphäre betrachten, zum Beispiel: eheliche Meinungsverschiedenheiten, sexuelle Probleme, unterschiedliche Ansichten über Religion, Politik oder Verwandte.

4. Wie kann man Geldangelegenheiten im Familienrat behandeln?

Als eine Sache der ganzen Familie. Damit die Kinder verstehen, wie der Finanzhaushalt der Familie aussieht, müssen die Eltern erklären, wie das Geld hereinkommt und wie es hinausgeht. Je nach dem Alter und den Verständnismöglichkeiten der Kinder können die Eltern die finanziellen Vorhaben der Familie diskutieren und die Vorschläge und Beiträge der Kinder akzeptieren. Wenn zum Beispiel ein ausgefallener Wunsch geäußert wird, kann ein Elternteil ein Minimum an Geld zur Verfügung stellen und es dann der Gruppe überlassen zu überlegen, wie der fehlende Betrag aufgebracht werden kann.

5. Ist es, wenn in einer Sitzung ein Problem angeschnitten wird, nötig, darauf zu bestehen, daß noch in dieser Sitzung eine Lösung gefunden wird?

Im Gegenteil, das ist wahrscheinlich unmöglich. Sobald ein Familienmitglied auf etwas besteht, geht die demokratische Atmosphäre verloren. Diese Person hat sich selbst zur Autorität ernannt, die entscheidet, was getan werden soll. Die Lösung muß sich aber aus der Zusammenarbeit aller anwesenden Familienmitglieder ergeben, oder es ist keine Lösung.

Die besten Lösungen werden erreicht, wenn jeder in der Familie die Auswirkungen einer bestimmten Situation selbst spürt. Jedes Mitglied, Eltern und Kinder, sind dann bereit, alle vorgeschlagenen Lösungen anzuhören, zu respektieren und zu bedenken. Es ist ein grundlegender Fehler, auf ein sofortiges Ergebnis zu drängen.

Vielleicht erwarten Sie, daß eine Lösung erreicht werden müßte, aber diese fordernde Haltung kann zu nichts führen. Wenn keine Lösung zustande kommt, sollte das Thema eine Woche lang zurückgestellt werden.

6. Was ist zu tun, wenn eine sofortige Lösung unumgänglich ist?

Lediglich Probleme wie: »Das Haus steht in Flammen« vertragen keinen Aufschub. Und in diesem Fall brauchen Sie keine Versammlung.

Wenn im Familienrat keine Übereinstimmung erzielt werden kann, bleibt das Problem eben offen. Sie sollten akzeptieren: »Wir können keine Übereinkunft erzielen« und nicht behaupten: »Ihr Kinder wollt nicht hören« oder: »Ihr wollt nicht zusammenarbeiten.« Sie geben schlicht zu: »Wir sind jetzt nicht in der Lage, dieses Problem zu lösen.«

7. Was können Eltern tun, um Kinder zur Teilnahme zu ermutigen?

Denken Sie an das Grundkonzept der Gleichwertigkeit und Demokratie, und geben Sie die autoritäre Rolle auf. Hören Sie mehr zu, als daß Sie reden. Denken Sie mehr nach, als daß Sie sich aufregen.

Hier sind einige spezielle Beispiele:

Stellen Sie für das Ende der Sitzung ein besonderes Vergnügen in Aussicht.

Beziehen Sie erfreuliche Neuigkeiten und Pläne mit ein.
Halten Sie an Entscheidungen fest.
Schimpfen Sie nicht in der Zeit zwischen den Zusammenkünften.
Diskutieren Sie die Dinge ruhig.
Treten Sie für Ihre Ideen ein, aber bestehen Sie nicht darauf.
Lassen Sie eine Ihrer Meinung nach irrtümliche Entwicklung ruhig laufen, nachdem Sie Ihren Standpunkt deutlich dargestellt haben.
Verlassen Sie die Versammlung angesichts hartnäckiger Sabotage.
Hüten Sie sich vor scheinbarer Übereinstimmung. Sagen Sie nicht, daß Sie zustimmen, auch nicht gegenüber Ihrem Ehepartner, wenn Sie es nicht wirklich tun.

8. Brauchen wir wirklich Regeln und Ämter, eine festgesetzte Zeit und schriftliche Protokolle?

Ja, um Ordnung zu halten, Auseinandersetzungen zu vermeiden und die Teilnahme der Mitglieder sicherzustellen. Wenn nicht wenigstens ein rudimentäres System besteht, das jeder überblickt, gibt es ein Chaos.

Schwierigkeiten

1. Auf welche Art sabotieren Eltern manchmal selbst die Arbeit des Familienrats?

Unwissentlich können auch Eltern mit den besten Absichten Fehler machen, die zur Folge haben, daß der Familienrat unerfreulich und erfolglos wird. Einige der üblichen Fehler sind:

zu lange reden
kritisieren

zu oft sprechen
etwas verschleppen
sich rechthaberisch verhalten
ein Treffen überspringen
vergessen, etwas zu Ende zu bringen.

All dies sind Fehler, die von Eltern oft begangen werden. Nehmen Sie sich davor in acht. Denken Sie daran, daß Sie ein gleichwertiger Teilnehmer sind, und tun Sie nichts, was Sie den anderen nicht auch zugestehen würden. Mit Ihrem Verhaltensstil geben Sie den Kindern ein Beispiel, und wenn Sie auf Ihre Autorität pochen, werden die Kinder rebellieren.

2. Was mache ich, wenn sich niemand für mein Problem interessiert?

Sie können andere nicht dazu zwingen, sich mit Ihren Sorgen zu beschäftigen, aber Sie können sich so verhalten, daß Sie andere in das Problem hineinziehen. Wenn Sie sich ärgern, können Sie sich überlegen, welche Absicht Sie mit Ihrem Ärger verfolgen, und vielleicht verstehen Sie dann, warum die anderen nicht interessiert sind. Es kann sein, daß Sie die Behandlung dieses Problems auf einen späteren Zeitpunkt verschieben müssen.

3. Was können die Eltern tun, wenn die Kinder während des Familienrats einen Streit anfangen?

Wenn Sie als Vater oder Mutter zufällig den Vorsitz führen, können Sie die anderen zur Ordnung rufen. Wenn der Streit andauert, fragen Sie die übrigen Mitglieder, ob sie die Sitzung vertagen wollen. In manchen Fällen kann es auch besser sein, wenn der Vorsitzende nichts sagt oder tut und wartet, bis der Streit zu Ende ist. Machen Sie unter keinen Umständen Ihre Autorität als Vater oder Mutter geltend, und versuchen Sie nicht, die Auseinandersetzung dadurch beizulegen, daß Sie ein Urteil abgeben. Bleiben Sie ein

gleichwertiger Teilnehmer, und Sie werden sehen, daß die anderen Mitglieder mit dem Streit fertigwerden.
Wenden Sie die gleichen Prinzipien an, wenn ein Kind unterbricht, störende Geräusche produziert oder sich albern benimmt. Wenn der Vater oder die Mutter den Vorsitz hat, ist eine Bitte um Ordnung angemessen. Wenn irgendein anderer die Sitzung leitet, lassen Sie ihn auf die Störung reagieren, wie er will. Wenn die Störung unerträglich ist, können Sie weggehen, denn die Teilnahme am Familienrat ist für jeden freiwillig.

4. Was kann man tun, wenn ein Familienmitglied sich weigert, zur ersten Sitzung zu kommen?

Halten Sie den Familienrat mit den übrigen Familienmitgliedern trotzdem ab. Es ist wichtig, daß die Abwesenheit irgendeines Mitglieds kein Anlaß zum Streit für die anderen wird. Es ist wichtig, auf Zusammenarbeit hinzuwirken, anstatt auf Auseinandersetzung, und es ist riskant, dem abwesenden Mitglied damit zu drohen, daß es wichtige Entscheidungen im Familienrat versäumt.

5. Wie wissen Sie, was Sie einem Kind zutrauen können?

Sicher können Sie da nie sein. Je jünger ein Kind ist, um so mehr Verantwortung wird es gewöhnlich übernehmen wollen, und die Eltern sehen sich in dem Dilemma, zu entscheiden, ob sie ein Kind eine Aufgabe übernehmen lassen wollen, die zu schwierig sein könnte.
In diesem Fall muß sich ein Elternteil Zeit nehmen und dem Kind zur Beratung und Beaufsichtigung zur Verfügung stehen, damit es versuchen kann, die Aufgabe durchzuführen. Wenn es ihm nicht gelingt, sollte man das nicht als ein Versagen ansehen, sondern man sollte die Arbeit so lange zurückstellen, bis das Kind größer und stärker ist.

Prinzipiell sollten Sie ein Kind immer zu einem Versuch ermutigen, wenn es sich freiwillig zu etwas meldet, es sei denn, die Sache wäre eindeutig zu schwierig oder zu gefährlich für es. Viele Eltern waren verblüfft darüber, zu welchen Leistungen ihre Kinder in Krisenzeiten fähig waren. Dieselben Kräfte sind auch zu anderen Zeiten vorhanden. Sie müssen nur trainiert werden. Perfektion sollte man nicht erwarten. Keiner kann eine Arbeit beim ersten Mal perfekt erledigen, und vielleicht gelingt es nie. Auch wenn Eltern wegen ihrer langjährigen Erfahrung Dinge besser bewältigen können, sollten sie einem Kind nicht die Möglichkeit nehmen, sich daran zu versuchen.

6. Wie geht man mit Familienmitgliedern um, die sich bei einer Sitzung nur mit ihren eigenen Problemen befassen wollen?

Durch die regelmäßige Arbeit des Familienrats wird ein Mensch, der nur auf sich bezogen ist, merken, daß andere auch Probleme haben, und daß alle wertvolle Beiträge füreinander leisten können. Die Notwendigkeiten des Zusammenlebens in einer Familie machen es unumgänglich, daß jeder auf die Rechte und Gefühle der anderen Rücksicht nimmt. Durch das intensive Bemühen des Familienrats, zusammenzuarbeiten, lernt auch der ichbezogene Mensch, die Existenz und die Bedürfnisse anderer anzuerkennen.

Ergebnisse

1. Was ist, wenn eine Entscheidung im Familienrat getroffen und nicht durchgeführt worden ist?

Das ist ein Zeichen dafür, daß nicht jeder mit der Entscheidung einverstanden war. Vielleicht haben sich einige einer dominierenden Person oder auch der Mehrheit gefügt, bloß um die Sache hinter sich zu bringen. Jeder, der seine Aufgaben in der nächsten

Woche nicht erledigt, hat die Entscheidung eigentlich nicht bejaht. Es war nur ein Lippenbekenntnis, mehr nicht.
Sie können dann versuchen, auf dieses Verhalten adäquat zu reagieren, und das Thema in der nächsten Sitzung wieder vorbringen. Zum Thema adäquates Handeln raten wir Ihnen, »Kinder fordern uns heraus« zu lesen; Sie erfahren dort etwas über die Wirkung natürlicher Folgen und logischer Folgen.
Ein Fehlschlag bedeutet nicht, daß der Familienrat ein Mißerfolg war. Er weist nur darauf hin, daß noch nicht alle Familienmitglieder auf die Leitthemen Gleichwertigkeit und Demokratie eingestimmt sind.

2. Wie können Eltern dazu beitragen, daß der Familienrat funktioniert?

Vor allem können sie den Leitlinien folgen, die wir angegeben haben, und sich vor den Fallen hüten. Einige wirksame Möglichkeiten, den Familienrat zu festigen, sind:

> Führen Sie Familienentscheidungen tatsächlich durch.
> Lehnen Sie es ab, Entscheidungen außerhalb des Familienrats zu treffen, die in seine Zuständigkeit fallen.
> Ziehen Sie alle wichtigen Probleme und Themen, die zur Diskussion anstehen, in Betracht, auch wenn sie ein abwesendes Mitglied betreffen.
> Nehmen Sie als gleichwertiges Familienmitglied teil.

3. Kann der Familienrat eine Familie wirklich verändern?

Was sich ändern kann, sind die menschlichen Beziehungen zwischen den Familienmitgliedern. Autoritäre Eltern, die gewöhnt sind, Befehle zu erteilen, können im Familienrat lernen zuzuhören, statt zu befehlen, und diese neue Verhaltensweise ins tägliche Leben übertragen. Ähnlich kann ein Kind, das nie so richtig mit der Sprache herauskommt, im Familienrat erleben, daß die anderen

ihm zuhören. So bekommt es Mut, seine Ideen auch bei anderen Gelegenheiten zu äußern.
Am wertvollsten ist die Chance der Konfliktlösung. Wenn Familienmitglieder wissen, daß sie eine Möglichkeit haben, ihre Schwierigkeiten vorzubringen und Lösungen zu finden, laufen sie nicht so leicht Gefahr, die Bedeutung solcher Schwierigkeiten zu übertreiben.

4. Wie lange halten wir uns an Entscheidungen?

Bis sie aufgehoben werden. Änderungsvorschläge zu Plänen oder Entscheidungen müssen bei der nächsten Sitzung vorgebracht werden, wobei alle anwesenden Mitglieder aufgefordert werden müssen, die Sache zu überdenken. Ein einziges Familienmitglied darf eine Entscheidung des Familienrats nicht eigenmächtig ändern. Jeder sollte diese Entscheidungen in seinem Handeln berücksichtigen.

Bewertung

1. Gibt es irgendeine Möglichkeit, den Erfolg unserer Familienratssitzungen einzuschätzen?

Um eine Bewertung vornehmen zu können, muß man wissen, welches die Ziele des Familienrats sind. Der Familienrat verfolgt im allgemeinen den Zweck, die Beziehungen zwischen den Familienmitgliedern zu verbessern und der Familie zu einem besseren Zusammenleben zu verhelfen. Das Kriterium für die Bewertung wäre dann, ob eine einzelne Sitzung dazu beigetragen hat, diesen Zielen näherzukommen. Die grundlegenden Kriterien sind in Kapitel 3 aufgeführt.
Bei der Beurteilung von Sitzungen gibt es jedoch eine Schwierigkeit. Wenn ein Elternteil zu sehr von der Vorstellung beherrscht ist, die Dinge »richtig« zu machen, besteht die Gefahr, daß ihm das überhaupt nicht gelingt. Viele Familien geben zu früh auf, weil sie

der Meinung sind, daß sie den Zweck, den sie mit der Einrichtung eines Familienrats verfolgt haben, nicht erreichen konnten.
Der übergreifende Sinn ist der, eine demokratische Atmosphäre der Gleichwertigkeit, der gegenseitigen Achtung und der gemeinsamen Verantwortlichkeit zu schaffen. Das kann man nicht in einigen wenigen Sitzungen erreichen. Solange die Familienmitglieder einen gemeinsamen Haushalt führen, werden regelmäßige Zusammenkünfte dazu beitragen, Harmonie und Leistungsfähigkeit zu entwickeln.

2. Was ist die wichtigste Grundlage für einen erfolgreichen Familienrat?

Das Einvernehmen der Eltern, daß sie im Geiste völliger Gleichwertigkeit im Familienrat arbeiten wollen.
Weder sollten sie als höchste Autoritäten fungieren, noch in herablassender Weise auftreten. Vater und Mutter müssen sich darüber klarwerden, wie schwierig es ist, eine autoritäre Einstellung aufzugeben und sich als gleichwertige Partner zu verhalten.
Genauso, wie es Eltern schwerfällt, ihre Fehlhaltung aufzugeben, ist es auch für Kinder schwierig zu begreifen, daß sie jetzt als gleichwertige Partner behandelt werden; sie versuchen möglicherweise, den Eltern wieder eine beherrschende Position zuzuweisen.

Gewinn

1. Welchen Gewinn können wir als Individuen vom Familienrat erwarten?

Zunächst bringt er den Gewinn, daß wir die Aufgabe, die wir als Eltern haben, richtig verstehen lernen. Dadurch bekommen wir ein besseres Verhältnis zu unseren Kindern, wir können uns wirksamer

mit ihnen verständigen und unsere gegenseitigen Probleme besser lösen.
Alle Teilnehmer, Kinder wie Erwachsene, haben einen großen Gewinn vom Familienrat: Sie lernen, wie man anderen Menschen zuhört, um ihre Probleme zu verstehen, und wie man zusammenarbeitet, um eine Lösung zu finden. Sie lernen, wie man hinter einem akuten Konflikt das sieht, was wirklich zwischen den Menschen vorgeht. Sie lernen, wie man Pläne macht, die funktionieren, weil jeder, der davon betroffen ist, seinen Teil zum Zustandekommen dieser Pläne beigetragen hat. Sie lernen, wie man Verantwortung teilt, statt Anweisungen zu geben oder Befehle entgegenzunehmen. Kurz gesagt, im Familienrat kann jeder einzelne lernen, ein sozial verantwortlicher, kooperativer Mensch zu werden.

2. Hilft der Familienrat dem einzelnen, mit seinen eigenen Problemen zurechtzukommen?

Wenn man es lernt, sich innerhalb der Familie offen zu äußern, fällt es einem leichter, den eigenen Standpunkt auch unter anderen Menschen, außerhalb der Familie, zum Ausdruck zu bringen, ohne zu kämpfen oder zu rivalisieren. Man gewinnt Vertrauen in seine Fähigkeit zur Kooperation und ist so den Belastungen des täglichen Lebens, die außerhalb der Familie auf einen zukommen, besser gewachsen.

LITERATURVERZEICHNIS

Für Eltern

Beecher, Marguerite und Willard: *Beyond Success and Failure.* New York 1966.

— *Parents on the Run.* New York 1955.

Dinkmeyer, Don und Gary D. McKay: *Raising a Responsible Child.* New York 1973. — *Erziehung zur Verantwortungsbereitschaft.* Ravensburg 1975.

Dodson, Fitzhugh: *How to Parent.* New York 1971.

Dreikurs, Rudolf: *Adult-Child Relations.* Oregon 1961.

— *The Challenge of Child Training.* New York 1972.

— *Children: The Challenge.* New York 1964. — *Kinder fordern uns heraus.* 11. Aufl. Stuttgart 1976.

— »Raising Children in a Democracy«. In: *The Humanist,* Bd. 18, 2, 1958, S. 77—83.

— und Loren Grey: *A Parents' Guide to Child Discipline.* New York 1970. — *Kinder ziehen Konsequenzen.* Freiburg 1973.

Grey, Loren: *Discipline without Tyranny.* New York 1972.

Für Lehrer

Dinkmeyer, Don: *Child Development: The Emerging Self.* Englewood Cliffs 1965.

— *Developmental Counseling and Guidance.* New York 1970.

— und Rudolf Dreikurs: *Encouraging Children to Learn.* Englewood Cliffs 1963. — *Ermutigung als Lernhilfe.* 3. Aufl. Stuttgart 1973.

Dreikurs, Rudolf: *Child Guidance and Education.* Alfred Adler Institute, Chicago 1973.

— *Psychology in the Classroom.* New York 1968. — *Psychologie im Klassenzimmer.* 7. Aufl. Stuttgart 1975.

— »The Cultural Implications of Reward and Punishment«. In: *International Journal of Social Psychiatry,* Bd. IV, 3, 1958, S. 171—178.

— »Coping with the Child's Problems in the Classroom«. In: *Professional School Psychology,* hrsg. von Monroe G. Gottsegen und Gloria B. Gottsegen. New York 1960.
— u. a.: *Maintaining Sanity in the Classroom.* New York 1971.
Nikelly, Arthur G.: *Techniques for Behavior Change.* New York 1971.
Spiel, Oskar: *Discipline without Punishment.* London 1962. — *Am Schaltbrett der Erziehung.* Wien 1947.

Allgemeine Literatur

Adler, Alfred: *The Science of Living.* Anchor Society, Denver Colorado 1969.
— *Menschenkenntnis.* Frankfurt/M. 1966.
— *What Life Should Mean to You.* Capricorn 1958.
— Die Werke von Alfred Adler erscheinen z. Z. im S. Fischer Taschenbuch Verlag, Frankfurt, mit einer Einführung von Wolfgang Metzger.
Ansbacher, Heinz L. und Rowena Ansbacher: *The Individual Psychology of Alfred Adler.* New York 1956.
Dreikurs, Rudolf: *The Challenge of Marriage.* New York 1946. — *Die Ehe — eine Herausforderung.* 4. Aufl. Stuttgart 1976.
— *Social Equality.* Chicago 1971. — *Soziale Gleichwertigkeit.* Stuttgart 1971.
— »The War between the Generations«. In: *The British Journal of Social Psychiatry,* Bd. 4, 1, 1970.
— und Marvin Chernoff: »Parents and Teachers: Friends or Enemies?« In: *Education,* Bd. 91, Nov./Dez. 1970, S. 147—154.
Dreikurs, Rudolf und Margaret Goldman: *ABC's of Guiding the Child.* Family Education Association, Chicago 1967 (brosch.)
Dreikurs, Rudolf und Vicki Soltz: *Your Child and Discipline.* National Education Association, Washington D. C. (brosch.)